Project
Management

DISEÑO DE TAPA
MVZ Argentina

DAVID BROJT

Project
Management

Un enfoque de liderazgo y ejecución
de proyectos en la empresa
para aplicar *el lunes por la mañana*

GRANICA

ARGENTINA - ESPAÑA - MÉXICO - CHILE - URUGUAY

© 2004, 2005 *by* Ediciones Granica S.A.

ARGENTINA
Ediciones Granica S.A.
Lavalle 1634 3° G / C1048AAN Buenos Aires, Argentina
Tel.: +54 (11) 4374-1456 Fax: +54 (11) 4373-0669
granica.ar@granicaeditor.com
atencionaempresas@granicaeditor.com

MÉXICO
Ediciones Granica México S.A. de C.V.
Valle de Bravo N° 21 El Mirador Naucalpan - Edo. de Méx.
53050 Estado de México - México
Tel.: +52 (55) 5360-1010 Fax: +52 (55) 5360-1100
granica.mx@granicaeditor.com

URUGUAY
Ediciones Granica S.A.
Scoseria 2639 Bis
11300 Montevideo, Uruguay
Tel.: +59 (82) 712 4857 / +59 (82) 712 4858
granica.uy@granicaeditor.com

CHILE
granica.cl@granicaeditor.com
Tel.: +56 2 8107455

ESPAÑA
granica.es@granicaeditor.com
Tel.: +34 (93) 635 4120

www.granicaeditor.com

Brojt, David
    Project management : un enfoque de liderazgo y ejecu-
ción de proyectos en la empresa para aplicar el lunes por la
mañana - 1a ed. 1a reimp. - Buenos Aires : Granica, 2005.
    176 p. ; 22x15 cm.

    ISBN 950-641-437-8

    1. Liderazgo 2. Planificación I. Título
    CDD 658.401 2.

A Patri, mi permanente apoyo...

A Jesi y Daidi, lo más importante en mi vida...

ÍNDICE

INTRODUCCIÓN

EL GERENCIAMIENTO DE PROYECTOS es una *competencia* crítica en las organizaciones.

La volatilidad que caracteriza los tiempos actuales y una competencia feroz generan en las empresas la necesidad de lanzar proyectos, vehículos de instrumentación de los cambios, para responder a los desafíos.

Las variables macroeconómicas, a través de los ciclos de expansión/crecimiento y recesión, dan origen a algunos de los cambios que periódicamente introducen las organizaciones, pero la mayor parte de éstos se relacionan con los imperativos de negocios (*business imperatives*) que permanentemente enfrentan las empresas, tales como nuevos hechos en el contexto de su industria o rama de actividad, nuevas realidades originadas en la dinámica de los mercados en que operan y, muchas veces, el surgimiento de un renovado liderazgo emprendedor e innovador.

Los proyectos, entonces, en línea con la aceleración de los cambios y con la mayor sofisticación de su contenido, adquieren una complejidad creciente y deben ser llevados adelante en las distintas áreas que integran las organizaciones. Ello requiere contar con gerentes y/o líderes de proyecto que tengan en claro los factores clave de éxito (*key success factors*) de un proyecto y, en consecuencia, sean capaces de diseñar y conducir proyectos que permitan alcanzar los mejores resultados en los plazos requeridos y dentro de los presupuestos asignados. *De esto último se trata este libro.*

El foco del presente trabajo es *compartir* con el lector el resultado de la experiencia adquirida por el autor como consultor, trabajando a lo largo de años en una gran cantidad de proyectos, cada uno caracterizado por su peculiar complejidad técnica y política y por su nivel de criticidad.

Si bien no se dejan de lado los aspectos conceptuales, el objetivo central es transmitir las *lecciones aprendidas*. A partir de ello, ir proponiendo a través de los distintos capítulos una forma de abordar cada uno de los temas, de modo tal que, considerados en su conjunto, terminen constituyendo un *enfoque* (*project approach*) que permita llevar adelante un proyecto. En este sentido, la expectativa subyacente a la realización de este libro es que sea útil y pueda ser aplicado *el lunes por la mañana.*

Los contenidos que se desarrollan se orientan a:

a) identificar a priori *la problemática de los proyectos* en el ambiente corporativo,

b) incorporar *metodologías y herramientas* que permitan enfrentar el desafío de un proyecto, y

c) obtener un *enfoque realista y pragmático* para el diseño y ejecución de proyectos que contribuya a incrementar significativamente la posibilidad de que éstos sean exitosos.

El libro está dirigido principalmente a:

a) mandos medios gerenciales y líderes de proyecto (*project leaders*) que tengan o puedan tener a su cargo proyectos y que trabajen en alguna de las áreas corporativas (comercial, de marketing, de sistemas, de

operaciones, de abastecimiento y manufactura, de recursos humanos, de administración o finanzas);
b) la alta gerencia, que tiene la responsabilidad de integrar como sponsor los comités de dirección de los proyectos, y en tal sentido puede influir decididamente en el enfoque con que estos se encaren;
c) quienes, a pesar de no haber alcanzado en su carrera corporativa ninguno de los niveles anteriores, están interesados en conducir un proyecto en el futuro;
d) quienes se encuentren cursando postgrados en las escuelas de negocios donde el gerenciamiento de proyectos está siendo incorporado a los distintos planes de estudio, dados los requerimientos de aplicación en las distintas áreas de una organización;
e) todo aquel que se sienta inclinado a la lectura de trabajos relacionados con el management. Este en particular le explicará *cómo la realización de proyectos es capaz de convertir ideas en realidades.*

Este libro pretende ser un material útil para proyectos corporativos en general, más allá de la naturaleza de cada proyecto y de sus niveles de complejidad.

El gerenciamiento de proyectos es una competencia que se adecua a un contexto globalizado y sólo requiere ser adaptada a los aspectos específicos de cada cultura. Por ello, el contenido del presente trabajo trasciende las fronteras y es, en consecuencia, aplicable a los distintos países.

El éxito de un proyecto tiene que ver tanto con el diseño y el valor de su contenido, como con el proceso que se ha seguido para su ejecución e implementación.

Con el término *proceso* se abarcan todas las actividades que se desarrollan en un proyecto, tales como comprometer a los participantes necesarios, definir un enfoque compatible con la cultura y el momento de la compañía, obtener los recursos indispensables, manejar las expectativas de los distintos interesados (*stakeholders*), liderar y desarrollar un modelo de gestión que contribuya a una óptima productividad de los equipos de proyecto, eliminar los *blockers* o barreras, anticipar situaciones de riesgo, entre otras. Es por ello que los capítulos que se desarrollan van a seguir la secuencia del proceso que vive un proyecto.

El **primer capítulo** es una descripción de los disparadores (*drivers*) específicos de cambio en las empresas y de los proyectos que generan.

El **segundo capítulo** se concentra en el inicio de un proyecto, cuando el gerente o líder de proyecto es notificado de su nueva responsabilidad, "*descubre que ha recibido un hueso y tiene que obtener como resultado una sopa*" y se pregunta por dónde empezar.

El **tercer capítulo** aborda la Definición de Proyecto, la cual constituye el primer producto (*deliverable*) que da señales concretas de que un proyecto está siendo manejado con el profesionalismo requerido.

El **cuarto capítulo** enfoca los temas y actividades propios de la etapa de ejecución del proyecto.

El **quinto capítulo** se dedica a la gestión del cambio y sus herramientas.

El **sexto capítulo** retoma el contenido de los precedentes para concentrarse en las competencias y comportamientos requeridos por la gerencia de proyecto.

El **séptimo capítulo** trata acerca de la aplicación de la cultura de proyecto en el nivel de la unidad organizativa para lograr avances significativos de desempeño.

El **octavo capítulo** describe los elementos que contribuyen a una cultura de proyecto a nivel corporativo.

El **noveno capítulo** ofrece la presentación de un caso mediante el cual se intenta *integrar* en forma práctica los distintos conceptos desarrollados en el libro, más allá de los casos expuestos a lo largo del mismo.

Para familiarizar al lector con términos usualmente difundidos en el ámbito corporativo durante la realización de proyectos, se han agregado –entre paréntesis o al pie de página– las versiones en inglés de muchas de las expresiones empleadas.

Quisiera manifestar aquí mi agradecimiento hacia todos aquellos ejecutivos de empresas tales como BankBoston, Shell, NCR, Argencard (licenciataria de Mastercard), Edenor (Electricité de France), Gas Natural Ban y muchas otras, con quienes he interactuado durante los últimos años en la realización de proyectos en Argentina. Con ellos he tenido la fortuna de trabajar y compartir experiencias muy enriquecedoras.

CAPÍTULO I

PROYECTOS DE CAMBIO: ¿MODA O NECESIDAD?

Tema del capítulo:
*Los motivos por los cuales las compañías
se comprometen constantemente con nuevos proyectos
y la naturaleza de estos.*

"¡OTRO PROYECTO!... Si nos pasamos la mayor parte del día en proyectos, ¿quién se va a dedicar a trabajar en el día a día de esta empresa?..."

Esta frase sarcástica, repetida muchas veces, refleja el nivel de presión con que la gente trabaja habitualmente en el entorno corporativo.

Las exigencias del día a día son abrumadoras, y a ello se adiciona la necesidad de que los recursos de la compañía sean asignados a proyectos.

Entonces surge la pregunta obligada: ¿Qué se debe priorizar? La respuesta es, en casi todos los casos, más o menos la misma: el día a día "y" los proyectos.

Aunque esta afirmación parezca sin sentido, en realidad lo tiene, y mucho: revela el desafío de seguir trabajando para alcanzar los objetivos presupuestarios y de operación definidos para cada unidad organizativa, pero a la vez, de continuar actuando en proyectos que mejoren y superen permanentemente la forma de hacer las cosas para no quedar a la zaga de los acontecimientos.

Para entender esta dinámica vamos entonces a identificar los disparadores[1] específicos que generan los proyectos de cambio.

---

1. *Drivers.*

17

La tecnología de la información no es la solución: es el problema

Descripción del disparador

La mejor forma, a mi criterio, de comenzar con el disparador de la tecnología de la información, es recurrir a la visión de Larry Downes y Chunka Mui, autores del libro *Estrategias digitales para dominar el mercado*[2], que sostienen que la tecnología va más allá de ser una herramienta facilitadora del cambio, ya que se ha constituido en un factor permanente de fractura de los modelos operativos.

La tecnología se convierte en el problema, no en la solución. Pero *no* porque no contribuya a la competitividad y a la mayor eficiencia, sino porque obliga a las empresas a incorporar las innovaciones tecnológicas para no perder posiciones frente a sus competidores o para responder a exigencias del entorno.

Ejemplos de ello hay muchos. Imaginemos un contexto como el actual, en que la competencia es cada vez más frecuente entre cadenas de valor (proveedores-empresa-clientes fidelizados) que entre competidores de un mismo mercado (empresas con similares ofertas de productos y/o servicios[3]). Los jugadores que se retrasen en el proceso de integrar su logística de abastecimiento con proveedores y estrechar sus relaciones con los clientes a través de modernas tecnologías perderán muchas batallas competitivas.

Supongamos el caso de un minorista[4] que lanza su sitio de comercio electrónico (*e-commerce*), mientras sus competidores directos todavía están evaluando si hacerlo o no.

O, saliendo del plano comercial, veamos el escenario internacional, con crecientes exigencias de transparencia

---

2. *The Killer Application*. Versión en castellano: Ed. Granica, Buenos Aires, 1999.
3. *Market offerings*.
4. *Retail*.

corporativa. Los organismos reguladores, basados en las posibilidades de las modernas tecnologías de procesamiento e intercambio de información, exigen plazos de respuesta cada vez menores. Esto obliga a las distintas compañías a enviar su información a las casas matrices (*headquarters*) en plazos cada vez más estrechos.

Constituyen otro ejemplo los conocidos procesos de análisis comparativo[5], que presionan a los responsables de área cuando señalan que los costos de operación de su sector son altos respecto del promedio de la industria debido a una falta de actualización tecnológica.

Estos ejemplos muestran claramente que, ya sea por razones competitivas o por razones de eficiencia, los avances en materia de tecnología de la información obligan a las empresas a lanzar sus respectivos proyectos de cambio para no quedar rezagadas y ser capaces , entonces, de responder a las demandas externas e internas.

En términos conceptuales, la tecnología de la información influye en tres niveles de la competitividad de las empresas: los modelos operativos, la gestión del desempeño y la inteligencia competitiva.

La reingeniería de los *modelos operativos* está reconvirtiendo con gran celeridad el mundo de las transacciones económicas hacia un entorno gobernado por los sistemas de información electrónicos, lo que permite enormes avances en los niveles de eficiencia.

La *gestión del desempeño,* que contribuye a través de la información a medir para mejorar, brinda los elementos que permiten a las empresas evaluar con mayor precisión y objetividad si con su accionar van logrando avances operacionales, y a la vez entender mejor los factores que maximizan su rentabilidad. Esto profundiza la calidad de su proceso de toma de decisiones.

---

5. *Benchmarking.*

La *inteligencia competitiva* se nutre de conocimientos. El conocimiento, convertido en una capacidad crítica en el mundo actual de los negocios, está siendo compilado y puesto a disposición por sistemas de información electrónicos que operan en dos dimensiones: una externa, que brinda conocimientos para entender y proyectar el comportamiento de los clientes, y una interna, que permite a los integrantes de una organización compartir y enriquecer el conocimiento en forma continua y crear así un capital del conocimiento (*knowledge capital*)[6].

Proyectos de cambio asociados al disparador

En el plano de la tecnología de la información suelen mencionarse algunos proyectos específicos.

- ERP (**Enterprise Resource Planning**): implementación de sistemas que facilitan la integración transaccional y de información de los distintos sectores que integran la cadena de valor (*value chain*) de la compañía. Nos referimos tanto a los distintos sectores de operaciones (abastecimiento, manufactura, ventas, etc.), como a los de soporte (administración, finanzas, recursos humanos, etc.).

- SCP (**Supply Chain Management**): implementación de modelos que contribuyen a integrar la cadena logística de la empresa con sus proveedores de productos y servicios. Estos sistemas buscan optimizar la operatoria del abastecimiento según los requerimientos de la demanda (¿cuándo?, ¿dónde?, ¿có-

---

6. Una fuente para profundizar estos conceptos es el artículo de David Brojt: "Reingeniería de los sistemas de información", en revista *Líderes del Tercer Milenio*, Mercado y Clarín, N° 6, Buenos Aires, 2000.

mo?) y los niveles de capital de trabajo, para reducir la incidencia de los cargos financieros. Un ejemplo de este tipo de modelos es la vinculación entre los sistemas de ventas de los supermercados y los sistemas de abastecimiento de sus proveedores.

- CRM (**Customer Relationship Management**): implementación de proyectos que optimizan la relación de la empresa con sus clientes. El alcance[7] de los modelos CRM cubre tanto la atención de requerimientos y reclamos de clientes como la optimización de los procesos de ventas y campañas de marketing. En los proyectos CRM generalmente se habla de los componentes del CRM operativo y los componentes del CRM analítico. Los primeros tienen que ver con el punto de contacto[8] con los clientes, representados por canales como call centers, Internet, dispositivos móviles, etc. de uso alternativo. El CRM analítico tiene que ver con los componentes de BI, que se explican a continuación.

- BI (**Business Intelligence**): implementación de proyectos que a través de la explotación de información disponible en las bases de datos (incluso con técnicas de predicción como el *datamining)* optimizan el proceso de decisiones para la interrelación de la compañía con sus clientes.

- **e-Business**: implementación de proyectos que, a través de las modernas tecnologías de Internet, permiten construir nuevas aplicaciones de uso dentro de las compañías (conocidas con el nombre de *intranet)* o en su relación con su comunidad de negocios (conocidas con el nombre de *extranet)*.

---

7. *Scope.*
8. *Front end.*

En el primer caso estamos hablando de distintos tipos de aplicaciones. Una de ellas es el *e-learning*, que
permite la capacitación interactiva utilizando Internet. Su aplicación a los casos en que resulta efectivo
como técnica de entrenamiento reduce significativamente los costos de la actividad, asociados con el tras-
lado de la gente y la productividad de su tiempo.

En el segundo caso, se trata de aplicaciones tales
como:

– *e-commerce*, como canal de venta de productos y servicios;
– *e-procurement*, para la reducción de los costos administrativos de compras;
– la utilización de *marketsites*, o creación de platafor-
  mas *BtoB* (entre empresas) que permiten optimizar los precios de compra de bienes y servicios;
– sitios de contenido e información, que permiten
  a los clientes de una empresa, entre otras cosas,
  hacer el seguimiento (*tracking*) del recorrido de
  sus pedidos.

El desarrollo y la puesta en marcha de proyectos de
e-business afectan (y continuarán haciéndolo en el futuro)
fuertemente los modelos de negocios[9] de las empresas. El
efecto se debe a los siguientes factores:

– acceso a nuevos mercados y a potenciales clientes
  por el alcance de Internet;
– oportunidad de nuevos negocios (productos o servicios) y reducción de los participantes en la cadena que va del productor al consumidor, dadas las posibilidades de Internet como nuevo canal;
– fidelización (relacionamiento/segmentación de clientes), dadas las posibilidades de mayor interacción;

---

9. *Business model.*

- reducción en los costos de operación, por la posibilidad de aplicar nuevos procesos;
- incremento de la calidad de servicio, dada la facilidad de acceso y la velocidad en la disponibilidad de la información;
- incremento de la eficiencia del capital invertido, puesto que es posible reducir los niveles de inmovilización (equilibrio de la inversión física y la virtual);
- reducción de plazos y mayor efectividad en el desarrollo de nuevos productos debido a la interacción con los consumidores.

Simples hechos del mundo real que deben ser resueltos con la afectación de recursos y esfuerzos con y a pesar del día a día

La tecnología de la información aparece como un disparador significativo de proyectos en el marco de esta sociedad del conocimiento. No da demasiada tregua: todo el tiempo está generando nuevas opciones, que son oportunidades para las empresas que saben capitalizarlas y problemas para las que tienden a retrasarse en el proceso de modernización.

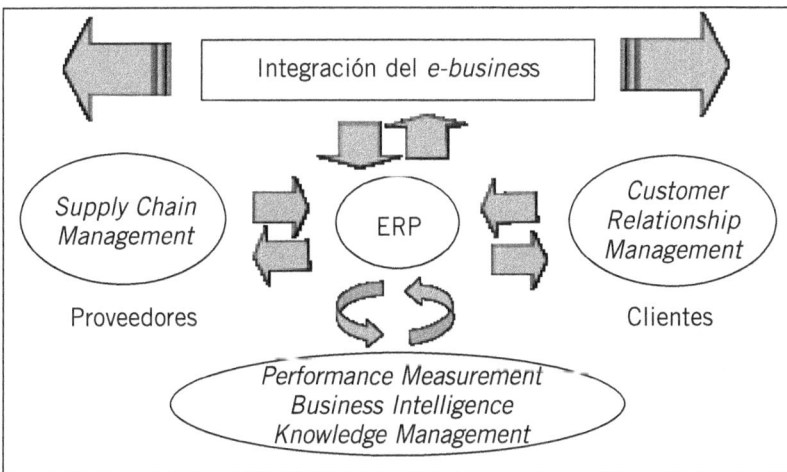

Gráfico I. Proyectos de tecnología de la información.

La globalización y el ingreso de los jugadores, o *players*, internacionales

Descripción del disparador

El proceso de globalización puede ser analizado desde distintos ángulos. No obstante, y dado nuestro interés, nos concentraremos en algunos cambios que produce en las organizaciones.

Cuando los mercados se abren, las barreras se flexibilizan y las economías se desregulan, se produce un ambiente favorable al desarrollo de los negocios que no pasa inadvertido a las grandes empresas, que ven en él una posibilidad concreta de expandir sus actividades.

Para ampliar sus negocios los jugadores internacionales pueden básicamente efectuar inversiones directas, creando y desarrollando la empresa en el nuevo mercado, o bien recurrir a un camino más rápido de inserción, como es la compra de empresas existentes en los mercados en los cuales desean expandirse. Este proceso muchas veces no se detiene en la compra de una única empresa, sino que se produce la adquisición de otras compañías que operan en el mercado, lo que va otorgando mayores ventajas a los recién llegados. Este tipo de procesos genera otra fuente de proyectos de cambio.

Proyectos de cambio asociados al disparador

En el plano de la globalización se suele hablar de proyectos tales como los que siguen.

– **Integración operativa post M&A** (*Mergers & Adquisitions,* **o fusiones y adquisiciones**): se busca obtener los beneficios de escala en las áreas corporativas y en ciertas áreas de negocios. Cuando una compañía decide la compra de otra para absorberla, lo que está logrando es acceso geográfico a mercados, incorporación de habilidades o conocimientos locales, y menor incidencia de los costos fijos de la estructura.

A este último aspecto se refiere la integración operativa post M&A. Las áreas duplicadas buscan una fusión óptima. Ello implica adecuar políticas, procesos y estructuras, unificar tecnologías y sistemas de información, y trabajar en la integración cultural. La carta de acuerdo de compra, la auditoría preliminar[10] y la toma de control son las actividades relacionadas con la transferencia del dominio de la empresa. La integración operativa post M&A es el proyecto que va a contribuir a que se cumpla uno de los aspectos que constituyen la justificación económica de la compra: los beneficios de la escala.

– *Shared Services,* o **servicios compartidos**: la presencia en distintos países de una misma región de empresas pertenecientes o vinculadas a un mismo grupo económico, o la existencia de un grupo titular de varias empresas en un país, brinda la oportunidad de simplificar estructuras y centralizar operaciones comunes a las distintas compañías.

En este marco, un proyecto de servicios compartidos permite una importante reducción de costos al evitar la duplicación de áreas con similares labores en las distintas compañías de un grupo. Áreas duplicadas tales como Administración y Finanzas, Recursos Humanos, Sistemas y Tecnología, o Marketing, pueden ser centralizadas en una única área, que brinda estos servicios a los distintos sectores de negocios de las compañías vinculadas.

Las características del modelo de servicios compartidos serán propias de cada grupo y se ajustarán a las necesidades y posibilidades de cada esquema de unificación.

– *Strategic Sourcing* en **empresas de servicios**: es la aplicación de un modelo que puede reportar altos beneficios a las compañías. Interviene en el proceso de compra de

---

10. *Due dilligence.*

componentes que integran los costos de operación. Tiene su origen en el potencial que brinda la compra centraliza-da tanto en la negociación de la oferta (proveedores) co-mo en la razonabilidad y el control de la demanda (reque-rimientos de compras de distintos sectores de la empresa). En muchas empresas de servicios, sus áreas respectivas tra-bajan y negocian con sus proveedores específicos.

La idea es que en una primera etapa, esta negociación y contratación se efectúe en forma centralizada, adoptan-do modalidades que minimicen los costos. En una segun-da etapa, se trabaja en la razón de la demanda para pasar de la pregunta "¿Cómo compramos mejor?", a la pregunta "¿Por qué lo estamos comprando?".

Este es un proyecto que requiere cambios en la arqui-tectura organizativa y en los roles de las áreas, y una infraes-tructura tecnológica que adapte los procesos y satisfaga los requerimientos de información.

– *Outsourcing,* o **tercerización**: una práctica frecuente en la cultura de las grandes empresas es la de concentrar-se en los aspectos centrales del negocio –lo que se conoce con el nombre de negocio central (*core business*)– y dejar en manos de terceros la operación de sectores de soporte. Los casos más comunes, aunque no los únicos, se refieren a las áreas de Sistemas y Logística de abastecimiento y distribu-ción. El proyecto de tercerización requiere planificar el tras-paso de la operación de ciertos procesos de la compañía a un tercero capaz de hacerlo mejor y más barato, con el be-neficio adicional de que será éste quien tendrá la respon-sabilidad de realizar las inversiones en actualización y mo-dernización que el transcurso del tiempo imponga.

En general, se incluye en el contrato un esquema deno-minado Acuerdo de Nivel de Servicios (SLA, por las iniciales del nombre en inglés *Service Level Agreement*), donde se esta-blecen parámetros objetivos que debe cumplir el servicio.

Una modalidad que algunos proponen a las empresas

es la de no fijar un precio en el contrato, sino incluir en éste un "honorario de éxito[11]: pautas por las cuales se abaraten los costos para la compañía receptora del servicio y se dé a la que lo brinda la posibilidad de obtener beneficios por su capacidad de hacer mucho mejor las cosas.

Simples hechos del mundo real que deben ser resueltos con la afectación de recursos y esfuerzos con y a pesar del día a día

La globalización, con el consiguiente ingreso de jugadores internacionales, aparece entonces como un segundo disparador para la generación de proyectos de cambio. Las decisiones se toman a miles de kilómetros de distancia, en la casa matriz de las grandes compañías, donde la presión de los accionistas obliga a no quedarse quietos sino a implementar nuevas acciones que contribuyan a la competitividad y a obtener los mejores resultados.

Nuevos lanzamientos de productos y servicios alineados con la competencia principal (*core competence*) de la empresa

Descripción del disparador

Hace más de dos décadas, Michael Porter, reconocido mundialmente por sus aportes al pensamiento estratégico, describía en su libro *Competitive Strategy*[12] cuáles son las tres estrategias genéricas: el liderazgo en costos, la diferenciación y el enfoque o la alta segmentación. Con ello, según mi interpretación, nos estaba brindando un marco estructurado para identificar las competencias principales que debe desarrollar una compañía cuando adopta una posición estratégica. Según esta interpretación, una vez que una compañía

---

11. *Success fee.*
12. *The Free Press*, New York, 1980. Versión en castellano: *Estrategia competitiva* (CECSA, México, 1985).

adopta una estrategia genérica, sus proyectos deben estar principalmente orientados a fortalecer las competencias requeridas por cada estrategia en particular. Así, el liderazgo en costos requiere desarrollar competencias vinculadas con la *eficiencia operativa*; la diferenciación requiere el desarrollo de competencias vinculadas con la creación de *significados de valor* de los productos y servicios que permitan ganar la mente del cliente o el consumidor;[13] finalmente, la alta segmentación requiere *competencias únicas* que construyan una ventaja competitiva en un nicho específico.

Proyectos de cambio asociados al disparador

Si está decidida a mantener o mejorar su posición competitiva, la compañía deberá realizar permanentemente proyectos para el lanzamiento de nuevos productos y servicios en línea con su competencia principal (eficiencia operativa, significado de valor o nicho de mercado). Existen dos razones fundamentales para ello: la primera es la reducción del ciclo de vida de los productos, dado que los mayores márgenes de utilidad se obtienen con productos y servicios no maduros en términos de competidores y sustitutos. La segunda razón es que si no lo hace perderá participación de mercado frente a sus adversarios (por lógica reducción del portafolio de productos y servicios), lo que con el tiempo se reflejará en los resultados económicos (*bottom line*) de la empresa y en el valor que esta represente para sus accionistas. Lo dicho vale tanto para productos como para servicios.

No es difícil imaginar las consecuencias que tendría para un banco o para una compañía de tarjetas de crédito, por ejemplo, el hecho de no brindar prestaciones iguales o mejores que las de la competencia.

---

13. Para profundizar este concepto, véase: Ries, Al y Trout, Jack, *Posicionamiento*, McGraw Hill, New York, 1986.

*Simples hechos del mundo real que deben ser
resueltos con la afectación de recursos y esfuerzos
con y a pesar del día a día*

Los permanentes lanzamientos de nuevos productos y servicios representan el tercer disparador para la generación de proyectos de cambio. En el lanzamiento de una innovación no sólo están comprometidas las áreas comerciales y de marketing, sino también las de sistemas, operaciones, atención al cliente (*customer service*), etc.

El proyecto que siempre está presente en la agenda de las organizaciones (y también en las charlas y artículos sobre el tema)

Descripción del disparador

Por fortuna para los que trabajamos en consultoría, continuamente aparecen nuevos conceptos. Hay quienes se encargan de difundirlos en presentaciones o trabajos, y otros los ponen a prueba con la expectativa de obtener los beneficios y resultados esperados. Se crea entonces una corriente de experiencias compartidas y un refuerzo de conocimientos que convencen a muchos de las ventajas de aplicar las innovaciones en sus respectivas compañías.

Estas iniciativas permiten que las distintas áreas contribuyan, a través de la modernización de sus modelos de operación, a alcanzar los objetivos comunes de la organización. Veamos algunos casos.

Proyectos de cambio asociados al disparador

En el área de Recursos Humanos se habla con frecuencia del *Competence Model* o Modelo de Competencias. Se trata de una forma de management del capital humano basada sobre la importancia decisiva del conocimiento y el saber. Las actividades propias del sector, tales como selección, desarrollo, capacitación y compensaciones, entre otras, se llevan adelante sobre la base de este modelo.

Por su parte, el *Balanced Scorecard* o Cuadro de Mando Integral es impulsado cada vez más por las áreas de Planeamiento, Administración y Finanzas. Este modelo de gestión e información desarrollado principalmente por D. P. Norton y R. Kaplan[14] permite concretar en acciones la estrategia definida por la compañía, llevándola al día a día de la organización y facilitando su instrumentación y seguimiento.

En el área de Marketing, los proyectos de Segmentación, Conocimiento del Cliente y Fidelización son impulsados como herramientas para crear una relación más estrecha entre la empresa y sus clientes. Con ellos es posible optimizar el costo de las campañas y obtener mejores resultados en términos de ventas. Estos proyectos dejan cada vez menos espacio a la intuición, a medida que incrementan la profesionalidad de las acciones.

Simples hechos del mundo real que deben ser resueltos con la afectación de recursos y esfuerzos con y a pesar del día a día

Los proyectos que las distintas áreas de las compañías lanzan para cumplir mejor sus funciones y contribuir a los objetivos de la organización aparecen entonces como un nuevo mecanismo para la generación de cambios. Cualquier ejecutivo de alto nivel que se entere de los resultados positivos que otras empresas de su industria obtuvieron gracias a haber modernizado sus modelos de trabajo, tendrá que pensar seriamente en poner en práctica un proyecto semejante.

---

14. Especialmente en: *The Strategy Focused Organization*. Harvard B. School, 2001, y "The Balanced Scorecard: Measures That Drive Performance", *Harvard Business Review*, enero-febrero 1992.

Y, cuándo no, los proyectos para la optimización de los costos de operación

Descripción del disparador

En mi experiencia profesional, los proyectos de reducción u optimización de costos alcanzan niveles de urgencia básicamente en las siguientes situaciones:

- recesión en la economía y/o en el segmento de negocios en que la empresa opera;
- aparición de un factor corporativo nuevo dentro de la organización (por ejemplo, la designación de un gerente que busca mejores resultados en su área de actuación a través de la reducción de costos, o la fijación de objetivos empresariales más agresivos en términos de utilidades);
- búsqueda de eficiencia operativa posterior a un ciclo de crecimiento en el que se ha privilegiado la participación de mercado en detrimento de la rentabilidad.

Proyectos de cambio asociados al disparador

Los proyectos de optimización de costos de operación adquieren distintas formas, independientemente de los motivos que los impulsen. Las más habituales son las que siguen.

– *Business Process Reengineering*, o reingeniería de procesos de negocios

Este es quizás el tipo de proyectos que con mayor frecuencia se aborda. Si M. Hammer y J. Champy,[15] creadores

---

15. Autores de *Reengineering The Corporation: A Manifest for Business Revolution*. Harper Business, New York, 1993.

del concepto de reingeniería, descubrieran que lo estoy consignando bajo el título de proyecto para la optimización de costos, simplemente dirían que es una aberración... ¡Y tendrían razón! Pero he decidido ubicarlo aquí porque habitualmente, en el lenguaje corporativo, cuando se habla de reingeniería siempre se percibe que la idea responde a una búsqueda de optimización de costos.

Por cierto, el concepto va mucho más allá de esta simplificación: se refiere a introducir cambios en los procesos actuales, de modo de lograr un avance significativo en la competitividad de la empresa en términos no sólo de costos, sino también de tiempos y calidad.

La idea central es volver a pensar los procesos de negocios de la compañía (y, en consecuencia, implementar nuevos) de punta a punta (*end to end*), a partir de cero y dejando de lado el análisis funcional tradicional. Este último opera en un nivel limitado definido por las fronteras de cada área organizativa. Por el contrario, el enfoque por proceso cruza todas las áreas que intervienen desde el inicio de éste hasta su finalización. La ineficiencia de los procesos de negocios (formas de trabajar) se fundamenta en la historia que encierra las visiones parciales (propias de cada sector) de las distintas áreas corporativas que han venido participando en el diseño de los procesos de negocios, pero cada una concentrada en sí misma, lo que ha dado origen a la situación de ineficiencia que debe ser replanteada.

El siguiente cuadro muestra las diferencias de enfoque. Se trata de apuntar a los procesos y no a las áreas funcionales, de ver el todo y no sólo las partes. A partir de la redefinición del proceso se identifica la tecnología requerida para ejecutarlo y se rediseña la arquitectura organizativa.

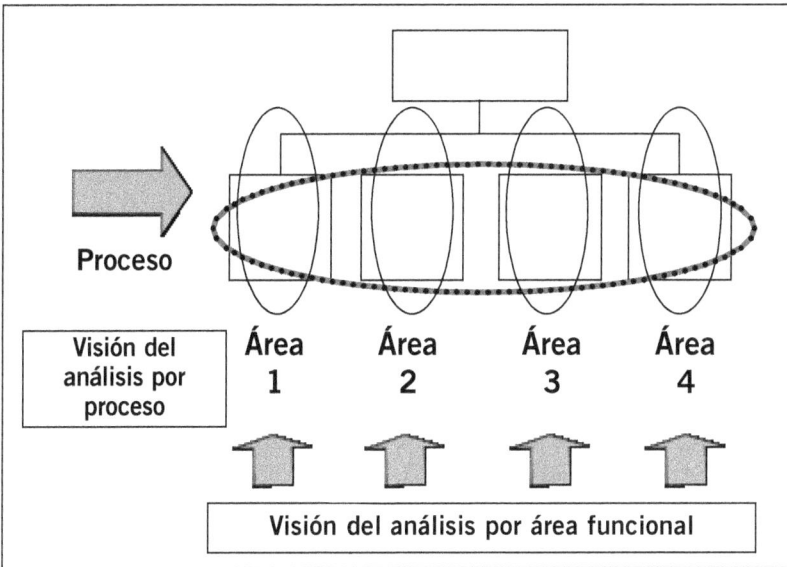

Gráfico II. El enfoque de la reingeniería de los procesos de negocios.

Los cambios que se realizan a partir del rediseño de los procesos de negocios producen avances significativos en la eficiencia operativa y la consiguiente competitividad de la empresa.

– Gestión de la calidad y certificación de procesos con normas ISO

Estos son proyectos muy difundidos que, como en el caso anterior, no están dirigidos a la optimización de costos –su objetivo principal es la calidad–, pero la incluyen, ya que se trata precisamente de uno de sus efectos indirectos.

En algunos casos, el concepto de calidad es tan predominante, que puede llegar a convertirse en el centro de la gestión y pilar de la estrategia de la compañía. Cuando algo así sucede, es posible incluso que la empresa decida postularse al Premio Nacional a la Calidad, comprometiendo a la organización en un proyecto de alta participación y movilización de sus integrantes.

La certificación por normas ISO es un proyecto que también se ha convertido en un tema de negocios (*business issue*). Tiene su origen en la mayor presión de la comunidad en el sentido de que los productos y servicios tengan una certificación de calidad otorgada por entes independientes de las empresas.

– *Benchmarking* y *Best Practices* o mejores prácticas
El análisis comparativo con los competidores y la implementación de las llamadas *mejores prácticas* es motivo permanente para el lanzamiento de proyectos que generalmente se identifican como de mejora de procesos, o *Process Improvement*, y que también contribuyen a optimizar los presupuestos de gastos de las distintas áreas organizacionales.

Muchas veces estos proyectos parten de datos que ofrecen ciertos proveedores de información, a cambio de un honorario (*fee*). En otros casos, las compañías se agrupan para realizar un proyecto conjunto de análisis comparativo que les permita establecer:

- la posición relativa propia de cada empresa (sin conocer las posiciones del resto, por confidencialidad);
- tendencias referidas a criterios adoptados para sustentar el proceso;
- participación porcentual de los distintos componentes del costo de operación (cantidad de gente[16], tecnología, infraestructura);
- patrones que determinan los mayores niveles de productividad.

---

16. *Headcount.*

Simples hechos del mundo real que deben ser resueltos con la afectación de recursos y esfuerzos con y a pesar del día a día

Se han presentado tres caminos inteligentes para la reducción de costos. No se han incluido los procesos de reducción o ajuste (*downsizing*) porque no requieren de un proyecto y constituyen una forma inadecuada de bajar costos. Tienen un efecto positivo en el flujo de fondos[17] para el corto plazo, pero pueden afectar el valor de la compañía a largo plazo (cuando "lo que se corta es músculo, y no grasa", como dice la frase que frecuentemente se utiliza).

La presión por optimizar y reducir los costos de operación es un disparador muy fuerte de proyectos de cambio. Es un tema que siempre está en la agenda del management. Costos más bajos representan mayores contribuciones marginales para financiar nuevas inversiones. Adjudicar fondos a este destino, o incluso a una política de precios más agresiva, pone en desventaja a los competidores. Más aún en los sectores donde ser eficientes en costos, siguiendo una de las estrategias genéricas definidas por Michael Porter, es la estrategia del negocio.

Cierre

Hemos hecho una breve descripción de los principales disparadores de cambio:
– la tecnología de la información;
– el proceso de globalización;
– el lanzamiento permanente de nuevos productos y servicios;
– la modernización de los modelos de trabajo en árcas funcionales;
– la presión por la optimización de los costos.

---

17. *Cash flow.*

Y hemos identificado los tipos de proyectos que habitualmente originan (sin pretender abordar todos los posibles).

Esta descripción nos permite comprobar que los proyectos no son una moda, sino que, por el contrario, constituyen la respuesta racional a las necesidades de cambio.

En este marco, los distintos proyectos que se decida llevar a cabo necesitan ser liderados y gerenciados.

Vayamos entonces al punto de partida de los mismos: cuando se asigna la responsabilidad del gerenciamiento de un proyecto.

CAPÍTULO II

EL PUNTO DE PARTIDA:
"ME HAN ASIGNADO UN PROYECTO"

Tema del capítulo:
Cómo convertir un hueso en una sopa.

HA LLEGADO EL GRAN MOMENTO: su jefe, el responsable del área, lo convoca a su oficina y, luego de darle las explicaciones y fundamentos del caso, le comunica que usted va a ser el gerente de un nuevo proyecto...

Puede tratarse de algo de lo que ya se venía hablando en la compañía, o de una decisión que lo toma por sorpresa; de una tarea interesante, o de un desafío que a nadie le gustaría aceptar dada la complejidad técnica y política.

Pero fuera cual fuere la situación, ahí está usted, investido de gerente de proyecto: *¡le han dado un hueso con la expectativa de que sea capaz de traer una sopa!*

En el transcurso de mis años de trabajo, he comprobado que la asignación de tiempo completo (*full-time*) a un proyecto le plantea al responsable designado los mismos interrogantes: "Y después del proyecto, ¿cuál será mi destino? ¿Cómo afectará mi carrera este nombramiento?". Abandonar temporariamente una posición de línea en la empresa genera inquietud acerca de la reinserción futura en la estructura corporativa. Más allá de lo que converse con su jefe (en el caso de que ello sea viable) sobre dónde puede ser asignado luego de la finalización del proyecto, lo cierto es que para entonces el ambiente habrá cambiado y habrá situaciones nuevas difíciles de prever.

Frente a esta realidad, la experiencia indica que la actitud entonces debe ser... *¡relajarse y disfrutar!* El nuevo cargo genera incertidumbre, pero también tiene un aspecto muy positivo: el currículum personal se enriquece (incluso, y fundamentalmente, esto lo posicionará favorablemente ante futuras búsquedas internas de la propia compañía) y se realiza una experiencia que las más de las veces todos los ejecutivos recuerdan entre las más apasionantes y atractivas en el desarrollo de su carrera profesional.

De modo que, después de la primera reacción de incertidumbre, lo acertado es adoptar una actitud que se corresponde con la siguiente expresión: *¡ponerse las pilas y toda la carne al asador!* con la convicción de que se va a diseñar y conducir un proyecto exitoso.

La búsqueda de experiencias previas

Es muy probable que el gerente de proyecto designado se enfrente por primera vez con un desafío de esta clase. Por lo tanto, es bueno recordar que al comienzo el foco no debe ser todavía el contenido técnico del proyecto, para llamarlo de alguna manera, sino el *proceso* que va a seguir para llevarlo adelante.

Ello implica iniciar un recorrido que le permita obtener información acerca de cómo lo hicieron otros y qué lecciones aprendieron, es decir, qué cambiarían si tuvieran que hacerlo nuevamente.

¿Y dónde están los otros y sus experiencias? En primer término, hay que dialogar con gerentes de otras áreas que hayan enfrentado situaciones similares dentro de la organización, y consultar los documentos de capital del conocimiento[1] que ésta haya conservado (muchas empresas

---

1. *Knowledge capital.*

guardan en bases de datos la documentación de sus proyectos para ser reutilizada en otros momentos). Si la empresa forma parte de un grupo económico internacional, la exploración se puede extender a gerentes que en otras latitudes hayan tenido que llevar adelante proyectos similares para otra empresa del grupo (esto es muy frecuente cuando se trata de proyectos de implementación de tecnología de la información). En ese caso, una conferencia telefónica[2] puede ser muy productiva y brindar antecedentes muy interesantes. Incluso se puede hacer una visita *in situ*, si la importancia del proyecto lo requiere.

En segundo término, el gerente de proyecto puede recurrir a su red (*network*) de colegas que trabajan en otras empresas u organizaciones en la medida en que el proyecto a realizar no sea confidencial. Intercambiar experiencias sobre la forma de llevar adelante un proyecto es una buena excusa para acordar un almuerzo y fortalecer los vínculos.

En tercer lugar, si es posible que el proyecto requiera integrar soluciones desarrolladas por potenciales proveedores, la interacción preliminar con ellos puede arrojar claridad sobre aspectos de interés. Reuniones, visitas y presentaciones serán un buen camino para ir obteniendo información.

Por último, es buena idea concretar alguna reunión con un consultor conocido y experimentado, cuya colaboración podrá ser de mucha utilidad.

Estos contactos previos le van a permitir identificar aspectos y perspectivas que, dada su falta de conocimiento preliminar, seguramente no habría considerado.

El mapa político del proyecto

Averiguar cómo lo hicieron otros es una acción adecuada antes de encarar el proyecto en sí, pero no la única. Otro

---

2. *Conference call.*

factor muy importante para evitar problemas organizacionales es entender el mapa político del proyecto.

La política en las organizaciones no es algo malo. Por el contrario, en sentido positivo es necesaria y genera valor. La política es el proceso natural de negociación entre las áreas, a través del cual se llega a la mejor solución para la empresa en su conjunto. Cada área tiene competencias profesionales y responsabilidades propias. La interacción del conjunto contribuye a integrar las destrezas particulares y permite alcanzar un resultado final mucho más valioso que el que se obtendría sin esta convergencia.

Por lo tanto, el gerente de proyecto deberá respetar los códigos de la organización en la que actúa, de modo de ser coherente con la cultura corporativa y transformar, si lo tiene, su concepto de barrera (*blocker*) de los distintos sectores, para conseguir la participación y el compromiso de todas las áreas que hagan falta.

El gerente de proyecto debe tener la capacidad de lograr que en el escenario del proyecto los distintos participantes no se comporten como espectadores de la escena, sino como actores. Esto hará una gran diferencia en relación al compromiso que adopten con el proyecto. *Una cosa es ver el escenario desde la butaca y otra totalmente distinta es ser parte de la obra.* Estos conceptos son extremadamente importantes, y muchos proyectos fracasan o sufren problemas cuando no se los aplica. Pero, ¿cómo ponerlos en práctica?: algo elemental es que el gerente de proyecto los tenga presentes al definir el organigrama del trabajo.

Sobre este punto vamos a volver más adelante.

Tratemos ahora de identificar, a través del siguiente gráfico, los distintos participantes del mapa político que en general enmarca a un proyecto.

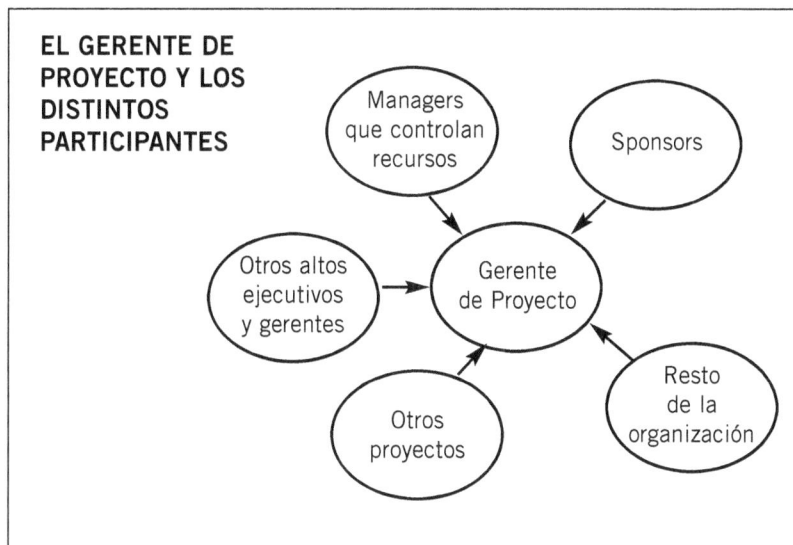

EL GERENTE DE PROYECTO Y LOS DISTINTOS PARTICIPANTES

Managers que controlan recursos

Sponsors

Otros altos ejecutivos y gerentes

Gerente de Proyecto

Otros proyectos

Resto de la organización

Gráfico I. Mapa político de un proyecto.

Analicemos la relación de cada uno de los actores con el proyecto.

En primer término está el *gerente de proyecto*, la persona a la que se le ha dado la misión de llevar adelante la tarea, y también la autoridad para hacerlo. Una autoridad que va a tener que ejercer inteligentemente para que no se convierta en un factor negativo en el futuro, cuando el proyecto haya concluido.

Para entender esto último, debemos tener en claro algunos conceptos: el proyecto es como un tren que va tomando mayor velocidad de modo de llegar puntualmente a destino. Para que ello ocurra, el gerente debe *operar* en todos los aspectos que, aun no dependiendo de su responsabilidad directa, pueden convertirse en obstáculos si son descuidados o no se coordinan convenientemente (en el símil del tren, dichos factores equivalen al estado de las vías y las actividades que corresponden al personal de las estaciones intermedias).

En la vida de un proyecto esto tiene que ver con el alistamiento[3] de los distintos sectores, que genera presiones en el proceso de adjudicar prioridades. El proyecto es EL tema para su responsable, mientras que para los distintos sectores implicados es UN tema entre muchos. Dada esta circunstancia, el gerente de proyecto tiene que agudizar el ingenio para aplicar su autoridad sin generar conflictos con otros dentro de la organización.

La siguiente experiencia que presencié en un proyecto permitirá ilustrar el punto. En un proyecto grande y complejo, el gerente a cargo tenía fuerte apoyo de distintos sponsors, en particular de quien era en ese momento el CEO de la compañía. El proyecto requería un fuerte compromiso de un área que estaba muy afectada por la presión del día a día. La situación en ese sector comenzó a afectar el cumplimiento de las demandas del proyecto, lo que generó ciertos problemas entre la gerencia de proyecto y el responsable del área en cuestión. De algún modo, la situación afectó la relación entre ambos. Luego ocurrieron dos hechos: por un lado, el proyecto finalmente se concretó con éxito; pero, al mismo tiempo, el gerente general fue trasladado, y el responsable de área que había tenido algunas diferencias con el gerente de proyecto fue designado para reemplazarlo. Ello no representó, por cierto, el escenario post-proyecto ideal para el gerente de proyecto. Conclusión: como decíamos, el mundo corporativo está sujeto a cambios difíciles de prever, por eso un gerente de proyecto debe utilizar en forma inteligente el poder que le otorga su cargo. Ese poder no es definitivo, sino transitorio, con tanta vigencia como la vida del proyecto.

Sigamos recorriendo el mapa representado en el gráfico. Los *gerentes que controlan recursos* no son sino los colegas del gerente de proyecto que, estando en la línea, tienen la responsabilidad del día a día. ¿Cómo perciben ellos

---

3. *Readiness.*

cada pedido de recursos que les hacen para distintos proyectos? Sin duda, como un problema, porque las tareas y actividades hay que realizarlas de todos modos, pero con menos recursos. Una compañía, en general, no define su dotación considerando la necesidad de realizar proyectos.

El problema se extiende, además, a cuáles son los recursos demandados, específicamente. Tanto el gerente de proyecto como los gerentes de línea elegirán los mismos, esto es, ¡los mejores! ¿Cuáles estará dispuesto a ceder el gerente de línea?

En este momento es cuando aplica para el gerente de proyecto la frase ¡Bienvenido a bordo! (*Welcome on board!*), ya que empieza a experimentar la problemática de los proyectos.

Los *sponsors del proyecto* son aquellos ejecutivos de alto nivel que están impulsándolo, y como más adelante se explica, integrarán el Comité de Dirección del Proyecto (*Stteering Committee*).

¿Cuál es su principal interés? Muy simple: minimizar el riesgo. O sea, adoptarán todas las medidas que aseguren que el proyecto cumpla con sus objetivos, y en los plazos y con los presupuestos previamente acordados.

Los sponsors son la fuente de autoridad de un gerente de proyecto. Sería impensable la ejecución de éste sin su participación. Ellos brindan poder al gerente de proyecto en su interacción con las distintas áreas de la compañía, le dan cobertura política en la *suite ejecutiva* (una forma de llamar al núcleo constituido por el gerente general y la alta gerencia) y lo ayudan a superar las barreras y conflictos organizacionales que surgen a lo largo del proceso. El gerente de proyecto debe recordar que los sponsors no quieren sorpresas. Se los debe mantener siempre informados de los problemas que vayan presentándose, incluso a través de reuniones específicas y fuera de las previamente convenidas. El sponsor siempre encontrará la forma de ayudar al gerente de proyecto.

Rara vez se ejecuta un solo proyecto en una compañía. Cada gerente de proyecto debe tener claro, entonces, que *todos sus pares tienen el mismo problema*: necesitan recursos y el compromiso de los distintos sectores. Por lo tanto, en el mapa político de un proyecto, el resto de los proyectos compiten por los aspectos señalados.

¿Cómo logra el gerente de proyecto priorizar la dedicación de los sectores a su proyecto?: trabajando con el sponsor y concentrándose en ganar la atención de los sectores de la empresa que el proyecto requiere. El gerente de proyecto debe crear una percepción positiva del mismo; debe lograr que el proyecto tenga presencia comunicacional en la organización. En todo esto ayuda el plan de gestión del cambio del proyecto (punto que se desarrolla en el capítulo V).

Recuerdo el caso de un proyecto que se enfrentaba con un desafío: como consecuencia de la globalización y los cambios en su entorno de negocios, la compañía había encarado muchos proyectos de cambio simultáneos. El proyecto al que me refiero estaba próximo a la etapa en que el personal de los distintos sectores debía capacitarse. El día a día era demandante. Los otros proyectos eran demandantes. Había que encontrar un mecanismo para llamar la *atención de los participantes*. De hecho, lo que se buscaba era que no dejaran de priorizar la capacitación. Si no asistían puntualmente, podrían poner en peligro la fecha de finalización del proyecto.

Por eso, en el marco del plan de comunicación se lanzó la campaña "Conozca el proyecto y gane un premio". Por medio de carteles que se pusieron en todas las oficinas, se invitaba a conocer el proyecto ingresando en la intranet corporativa. Quienes accedían encontraban información sobre el proyecto y luego podían contestar un cuestionario (asociado con esa información), con el cual participaban en un sorteo por un premio interesante. Un alto porcentaje del personal intervino: se había logrado el objetivo. La gente supo del proyecto, comprendió sus características y conoció además el período y las fechas de la capacitación. La iniciativa de *llamar la atención* dio buenos resultados, ya que el porcentaje de asistencia a la capacitación fue alto.

La relación del *resto de la organización* con el proyecto se podría resumir en una única pregunta que los que integran esa población se van a formular: "¿En qué me afecta?". La incertidumbre respecto del contenido de un proyecto hace que la imaginación vuele demasiado alto, y ello puede provocar reacciones contraproducentes para el proyecto.

En lo que hace a *altos ejecutivos* no vinculados directamente con el proyecto, si bien apoyarán las iniciativas que tengan a alguno de sus colegas como sponsor, básicamente se ocuparán de que las actividades del proyecto no afecten el desenvolvimiento de sus propios sectores ni les impidan alcanzar los objetivos fijados para su área. Por lo tanto, el gerente de proyecto deberá navegar con cuidado.

La identificación del mapa político del proyecto es un tema crítico. El gerente de proyecto debe entender los intereses y preocupaciones de cada actor, y tenerlos en cuenta en sus tomas de decisión. Si se maneja bien en este terreno, el proyecto no enfrentará mayores conflictos organizacionales para avanzar. Pero si el mapa político no es considerado por el gerente de proyecto, aun cuando el proyecto técnicamente pueda tener una buena definición, seguramente tendrá problemas y su papel será objetado.

Finalmente, es fundamental recordar la importancia de cada sector de la organización afectado por el proyecto. Todos deben sentir que *el proyecto sigue la línea de sumarlos y consultarlos, y no de dejarlos de lado en las definiciones y decisiones*. La solución debe ser percibida como de conjunto; de lo contrario, en el momento de la implementación surgirán problemas que incluso pueden hacer fracasar el proyecto.

El ciclo de vida de un proyecto

El tercer aspecto que un gerente de proyecto tiene que tener claro en el comienzo es el ciclo de vida de los proyectos, el cual incluye, necesariamente, las siguientes etapas: Definición, Construcción, Implementación, Ajustes y Gestión del Cambio.

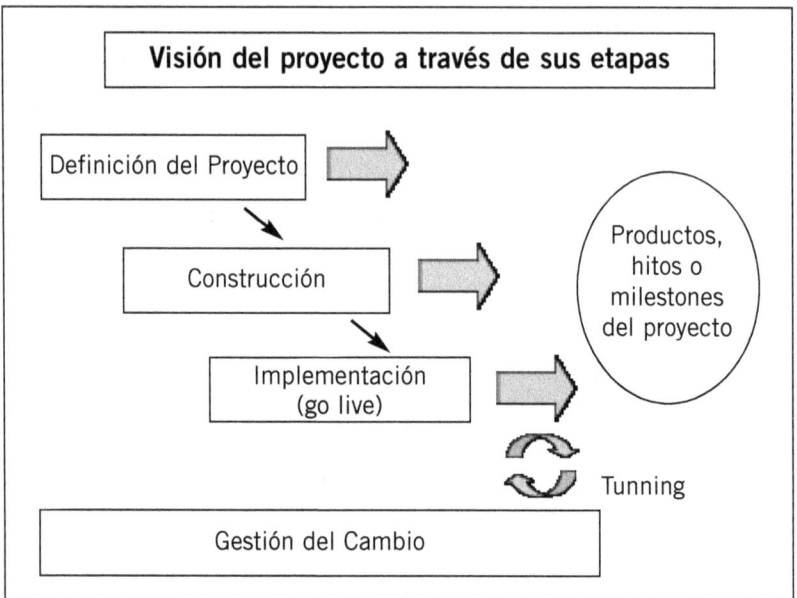

Visión del proyecto a través de sus etapas

Definición del Proyecto

Construcción

Implementación (go live)

Productos, hitos o milestones del proyecto

Tunning

Gestión del Cambio

Gráfico II. El ciclo de vida de un proyecto.

Así como no es posible construir un edificio sin haber realizado antes los planos, no podemos lanzarnos a trabajar en la construcción del modelo a implementar si no tenemos claro el diseño. La primera etapa de un proyecto es, por lo tanto, la Definición[4].

Muchas veces, sobre todo en un proyecto complejo, la Definición de Proyecto es un proyecto en sí mismo y tiene

---

4. *Project Definition.*

similares requerimientos a los de aquel. En otras ocasiones, sólo hace falta el trabajo del gerente y unos pocos colaboradores. Sea cual fuere el caso, es una etapa ineludible, porque en ella se generará el documento que da respuesta a preguntas tales como:

- ¿qué objetivos estamos persiguiendo con el proyecto?;
- ¿qué alcance tendrá?;
- ¿cómo se va a realizar?;
- ¿cuál es el cronograma de ejecución?;
- ¿cual es la justificación económica?

y otras por el estilo, que son necesarias para obtener un elemento fundamental en la secuencia: la aprobación de los sponsors y, si es necesario, del máximo nivel de management de la compañía.

Subestimar la importancia de la Definición del Proyecto y obviar esta etapa aclaratoria es un error muy grande, cuyas consecuencias afectarán seriamente el resultado final.

Un gerente de proyecto no debe esperar que le pidan la Definición del Proyecto. Proactivamente debe proponerla él mismo e impulsar en consecuencia el proceso de toma de decisiones de los sponsors sobre bases comprendidas y consensuadas.

Una vez que se ha obtenido la Definición del Proyecto y la aprobación de los sponsors, se encara la Construcción.

Durante esta segunda etapa se crean los elementos que integran el nuevo modelo a poner en marcha. Por ejemplo, si se tratara de un proyecto de *Balanced Scorecard* (Tablero de Información o Cuadro de Mando Integral de la estrategia de una compañía), la construcción incluiría el diseño detallado de todos los indicadores, la modificación de los sistemas para la generación de información, el desarrollo y disponibilidad del sistema específico, los procesos para la obtención y explotación, la definición de los perfiles de acceso, y la capacitación de la gente para usarlos.

La etapa de Implementación, en función del criterio que se siga, puede ser simplemente un momento puntual en el que se realizan simultáneamente todas las tareas para abordar el nuevo modelo, o un proceso más extenso, gradual y progresivo, que reduce el riesgo del cambio.

La etapa de Ajustes[5] es aquella en la que se realizan las actividades necesarias para la optimización post-implementación del proyecto de cambio. Implica trabajar en los aspectos que requieren ser corregidos y los errores detectados durante el proceso.

En todas las fases señaladas el proyecto va generando productos intermedios, llamados habitualmente hitos o milestones.

Existe un aspecto que se desarrolla a lo largo de todo el trabajo: es la gestión del lado humano del cambio. Esta actividad, conocida con el nombre de Gestión del Cambio o *Change Management*, implica operar sobre las expectativas de los distintos interesados o *stakeholders* y lograr que el cambio afecte lo menos posible el desempeño del personal.

Sobre cada una de estas etapas nos vamos a extender en los próximos capítulos.

La validación de los primeros pasos con el sponsor

A esta altura del proceso, el gerente de proyecto tiene en claro tres aspectos: ha recopilado experiencias que le dan una idea aproximada de cómo va a enfocar la tarea; ha entendido el mapa político, y sabe que su primer trabajo será obtener la aprobación de la Definición del Proyecto por parte de los sponsors.

Para obtener el documento de Definición de Proyecto, el gerente de proyecto debe armar un pequeño equipo, para el que tal vez deba contratar a algún experto externo.

---

5. *Tunning.*

Para ello necesita recursos humanos y financieros. Recordemos que todavía el proyecto no tiene asignado presupuesto ni ha sido presentado. Por ahora está en el plano de las definiciones preliminares. ¿Cómo va a obtener esos recursos?: el gerente de proyecto tendrá que apelar al responsable de área que le ha asignado el proyecto. Juntos explorarán las primeras ideas respecto del enfoque que se le piensa dar al trabajo y bosquejarán los lineamientos de la Definición del Proyecto que el mismo responsable de área aprobará a su debido tiempo, al igual que los integrantes del Comité de Dirección. El gerente de proyecto deberá explicarle que este documento permitirá a todos tener claros los distintos puntos del proyecto, y que lo considera un importante paso previo a la tarea en sí.

La claridad de los conceptos permitirá al sponsor ver que el gerente de proyecto está trabajando con criterio, y seguramente lo ayudará con sus requerimientos.

El siguiente cuadro es una síntesis gráfica de lo desarrollado en el presente capítulo.

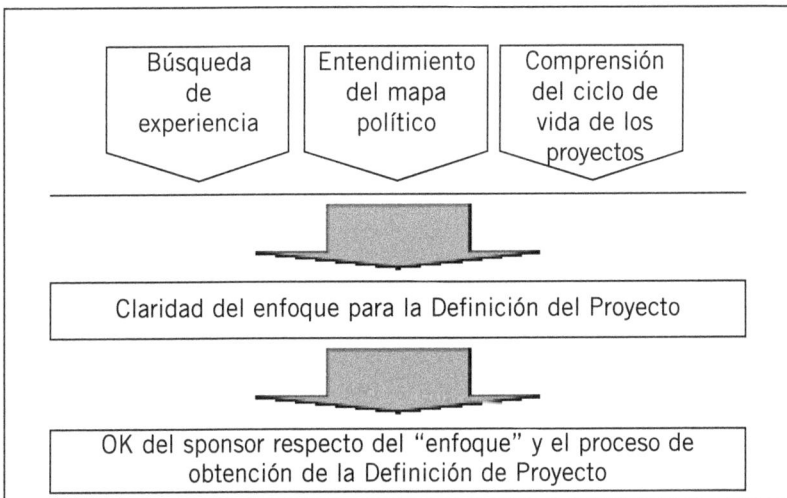

Gráfico III. Proceso de comienzo del proyecto.

Cierre

A esta altura, el gerente de proyecto ya ha logrado responder a la primera pregunta que se hizo cuando le asignaron el proyecto: "¿Por dónde comienzo?".

Ahora que las ideas están claras, enfrenta el siguiente hito: la Definición del Proyecto.

CAPÍTULO III

EL PRIMER PRODUCTO:
LA DEFINICIÓN DEL PROYECTO

Tema del capítulo:
La aprobación del proyecto por los sponsors.

EL SPONSOR HA ESCUCHADO atentamente la propuesta del gerente de proyecto. Ha entendido, a través de los argumentos, la importancia de elaborar una definición que dé respuesta a preguntas clave asociadas a la formulación y ejecución del proyecto. Comparte con el gerente la necesidad de que desde el comienzo mismo haya claridad y consenso respecto de todos los temas. De modo que, habiéndose puesto de acuerdo con respecto a los recursos requeridos para trabajar en la Definición del proyecto (en el caso de que fuese necesario), le da su aprobación para seguir adelante.

¡Un gran logro! El gerente de proyecto ha sido capaz de demostrar la importancia de este paso previo. Ha actuado proactivamente y, por lo tanto, está *conduciendo el proceso* de una forma profesional y que, sin lugar a dudas, será efectiva.

Entonces... a trabajar en el primer producto.

El contenido de una Definición de Proyecto

La Definición de Proyecto, en su *versión ejecutiva*, es un documento que no debiera tener más de 10 o 15 transparencias y que, como hemos señalado, servirá para obtener la aprobación del diseño, de la forma de trabajar, de los plazos y de los presupuestos.

¿Cuánto tiempo demanda elaborar este documento? La respuesta varía mucho según cada proyecto, y tiene que ver con las dificultades de éste. Lo usual, en los casos de proyectos no muy complejos, es un período de 4 a 6 semanas.

En proyectos de mucha complejidad, cuando la definición constituye un proyecto en sí mismo, este plazo se puede extender hasta 12 o 16 semanas. Es un proyecto en sí mismo cuando no requiere sólo el trabajo del gerente con algún colaborador y algún experto externo, sino la institución de una infraestructura y un equipo equivalentes a los que demanda un proyecto de complejidad promedio en su fase de construcción e implementación.

Más allá de su complejidad y tiempos de realización, su contenido en términos generales siempre es similar.

Los puntos relevantes son los siguientes:

> • **Objetivos**
> • **Alcance y supuestos**
> • **Propuesta de cambio - Modelo conceptual**
> • **Metodología**
> • **Organigrama**
> • **Cronograma**
> • **Identificación de riesgos**
> • **Justificación económica**
> • **Acciones de rápida implementación**

Objetivos

El primer punto a consignar son los objetivos del proyecto. Estos deben ser concretos, sin ambigüedades, y en lo posible referirse tanto a los aspectos cuantitativos como a los cualitativos. La descripción de los objetivos permite establecer qué resultados se pretenden alcanzar con el proyecto.

Para ejemplificar la presentación de los objetivos, supongamos que el proyecto consiste en llevar adelante la unificación de los sectores corporativos (áreas de Administración, RRHH y Sistemas) por parte de una compañía presente en varios países de determinada región, es decir, un típico caso de *shared services* o servicios compartidos.

Sus objetivos podrían ser:

- Reducir los costos de operación en un 35%.
- Simplificar las estructuras, y estandarizar e integrar los procesos en la región.
- Mejorar el nivel de servicios a las unidades de negocios de la compañía que operan en la región.
- Establecer las bases para la creación de una unidad independiente que en el futuro pueda prestar servicios a terceros, y en consecuencia autofinanciarse, solventando sus costos de operación.

Gráfico I. Ejemplo de objetivos en una Definición de Proyecto de servicios compartidos.

Veamos otro ejemplo. Supongamos que el área de RRHH de una empresa con fuerte crecimiento decide llevar adelante un proyecto de cambio, de modo que su arquitectura organizativa, y los procesos y recursos tecnológicos involucrados se alineen con la demanda de servicio de las distintas áreas comerciales de la compañía.

La descripción de objetivos sería, en ese caso, como sigue.

Implementar un nuevo modelo operativo en el área de RRHH que permita:

- Aplicar un presupuesto a las operaciones del área que esté un 7% por debajo en un benchmark con el resto de las compañías líderes que operan en el sector.
- Obtener una infraestructura de operación que haga posible la contribución del área a la productividad del capital humano y su competencia como factor de diferenciación.
- Alcanzar un salto en el nivel de servicio a las distintas áreas comerciales y corporativas de la compañía.

Gráfico II. Ejemplo de objetivos en una Definición de Proyecto de reingeniería.

Como se visualiza en ambos ejemplos, los objetivos no sólo expresan la voluntad de alcanzar resultados cualitativos, sino que también tratan de manifestar de alguna forma los logros cuantitativos que se pretende lograr.

Luego, estos últimos, deberían ser demostrados en la justificación económica de la Definición de Proyecto (que se explica más adelante en este capítulo).

Alcance y supuestos

Este punto es absolutamente relevante para manejar las expectativas de todos los interesados (*stakeholders*).

El *alcance* de un proyecto debe definirse con un alto nivel de precisión, para no crear expectativas equivocadas en cuanto a los aspectos que abordará.

Aunque un proyecto sea muy exitoso, es posible que los interesados no lo perciban así. Esta distinta interpretación será el producto de no haberse acordado y comunicado el alcance del proyecto en su momento, es decir, qué incluye y qué no. Definir el alcance es más importante aún cuando participan terceros en el proyecto: cualquier ambigüedad constituye un riesgo de conflictos futuros.

Los *supuestos* tienen que ver con determinados condicionantes del proyecto identificados *a priori* y que sirven para ampliar el concepto de alcance. Expresan que el proyecto va a poder ejecutarse en los términos de la definición, siempre que se cumplan determinadas premisas de trabajo. Los supuestos sirven también para alinear expectativas.

Para uno de los ejemplos anteriores –un proyecto de servicios compartidos–, el alcance se podría puntualizar como sigue.

- Los países comprendidos en el proyecto son todos los que integran la región.
- Las áreas corporativas a centralizar regionalmente son Administración, Sistemas y RRHH. Todos los procesos y funciones actualmente ejecutados por estas áreas quedan comprendidos en el proyecto, con excepción del área de Gestión de Compras de insumos críticos (de abastecimiento local).

Gráfico III. Ejemplo de alcance en una Definición de Proyecto de servicios compartidos.

El alcance del proyecto de cambio del área de RRHH podría establecerse como se indica a continuación.

> • El proyecto comprende el rediseño de todos los procesos del área de RRHH sobre la base de una nueva tecnología a implementar y la alineación de la respectiva arquitectura organizativa para responder a los requerimientos del nuevo modelo.
>
> • El proyecto se formula sobre la base de los siguientes supuestos:
>
>   – La redefinición de las funciones de las áreas organizativas/RRHH en la gestión del capital humano.
>   – La aceptación por las distintas áreas organizativas, de gestionar su demanda a través de un único *responsable* asignado a su área.
>   – La implementación centralizada de tecnología en RRHH. En una segunda fase, las distintas áreas organizativas podrán acceder en forma directa.

Gráfico IV. Ejemplo de alcance y supuestos de una Definición de Proyecto de reingeniería.

Propuesta de cambio - Modelo conceptual

Este punto de la Definición del Proyecto se refiere concretamente al diseño. Se dirige a describir la *nueva solución* que propone el proyecto para alcanzar los objetivos enunciados, y es el contenido que va a ser objeto del trabajo en caso de aprobación.

La especificación del modelo conceptual busca, asimismo, marcar la diferencia entre el modelo actual (*as is model*) y el futuro (*to be model*). Esto debe hacerse a nivel general, sin entrar en detalles y tratando de resaltar los aspectos más relevantes y significativos.

La forma de presentar "la solución" o el nuevo modelo conceptual propuesto depende mucho de la naturaleza del proyecto. Lo importante es no extenderse más allá de lo necesario, aunque pueden prepararse documentos complementarios que queden disponibles para quienes quieran profundizar el diseño preliminar.

Vamos a utilizar el caso del proyecto de cambio del área de RRHH para mostrar cómo sería la descripción de una solución o un nuevo modelo conceptual.

Como se ve en la descripción anterior, el modelo con-

Propuesta de cambio Modelo conceptual *ahora/después* del área de RRHH	
De	**A**
– Una arquitectura organizativa orientada a un tratamiento no "customizado" de las demandas de las áreas.	– Arquitectura orientada al cliente interno y a manejar la diversidad requerida por las distintas áreas.
– Bajo uso de la tecnología.	– La tecnología como componente clave de la eficiencia en los procesos del área.
– Ejecución de todos los procesos del área con recursos propios.	– Los procesos sin valor agregado se tercerizan. Todos los procesos serán diseñados sobre la base de una actitud "proactiva" del área.
– Indicadores clave de desempeño* orientados a medir la actividad de los procesos.	– Indicadores clave de desempeño orientados a medir la efectividad de los procesos.
* Key performance indicators.	

Gráfico V. Ejemplo de modelo conceptual de una Definición de Proyecto de reingeniería.

ceptual se presenta mostrando las diferencias con el modelo actual del área. Su formato debe ser adecuado a la naturaleza y características propias de cada proyecto.

Metodología

La metodología explica cómo se piensa elaborar la solución propuesta en el proyecto.

La descripción incluirá las principales etapas del proyecto, y dentro de ellas (en los casos que lo requieran) las actividades a realizar y los hitos[1] o productos intermedios a obtener.

En la metodología se evidencia el conocimiento[2] de cómo hacerlo mejor, más rápido, al menor costo y con el riesgo más bajo.

Recuerdo el caso de una iniciativa de reducción de costos en un área de una compañía. El proyecto debía llevarse adelante en unas pocas semanas, de modo que debíamos trabajar en un enfoque de valor que rápidamente arrojaría pistas de dónde se podrían identificar oportunidades. El enfoque y la orientación del esfuerzo serían muy distintos según optáramos por realizar un relevamiento detallado del área, o bien una actividad puntual en la modalidad de taller[3] con responsables de sector, con el propósito de determinar hipótesis de trabajo. En el primer caso no tendríamos un producto[4] de valor en la primera etapa. En el segundo caso, sí.

La elección de esta última metodología contribuyó a mejorar los resultados y los tiempos del proyecto.

Una situación similar se presentó en el caso de la ela-

---

1. *Milestones.*
2. *Know how.*
3. *Workshop.*
4. *Outcome.*

boración de un plan estratégico[5] que requería también la obtención en el corto plazo del documento respectivo, por requerimiento de la casa matriz.

La adopción de una metodología acertada facilitó el proceso y permitió obtener en el período establecido un producto con pleno consenso en el management, debido a que:

– optimizó los tiempos de participación del CEO y la alta gerencia,
– creó el espacio para la discusión abierta pero focalizada y altamente productiva,
– propagó el consenso a los niveles gerenciales intermedios dependientes de cada responsable de área,
– facilitó a todas las áreas un marco de referencia para la formulación posterior de sus planes tácticos y acciones operacionales,
– generó concurrentemente una alineación de la visión, misión y valores de la compañía,
– permitió que estos últimos aspectos y los ejes principales del plan estratégico fueran comunicados a todos los miembros de la empresa.

En resumen, contribuyó a lograr el *producto* buscado. Como se aprecia, la metodología, que en definitiva es la manifestación concreta de la experiencia, es el aspecto determinante en la forma de ejecución de los aspectos técnicos del proyecto.

Para ejemplificar la presentación de la metodología en una Definición de Proyecto, vamos a presentar algunos esquemas de trabajo[6] que pueden aplicarse. Con ello, de

---

5. *Strategic planning.*

59

ningún modo se pretende establecer la forma técnica de realizar cada proyecto, sino sólo ilustrar el punto.

El esquema de trabajo correspondiente a un proyecto de reingeniería de procesos de negocio podría ser el siguiente:

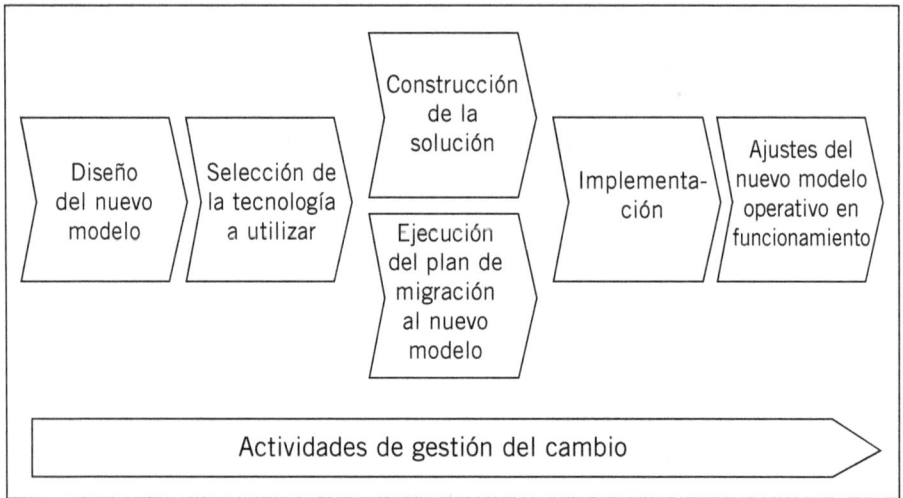

Gráfico VI. Ejemplo de metodología en una Definición de Proyecto de reingeniería.

Cada uno de los "ravioles" (este es el nombre que habitualmente les asigno a los recuadros que componen un esquema de trabajo) representa una etapa de la metodología.

El esquema de trabajo precedente podría complementarse con las principales actividades y productos de cada etapa, como lo muetra el siguiente gráfico.

---

6. *Frameworks.*

ETAPA DE CONSTRUCCIÓN DE LA SOLUCIÓN...

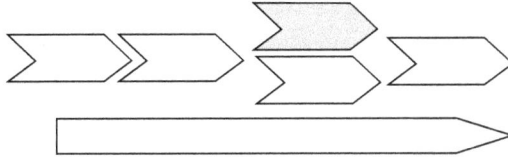

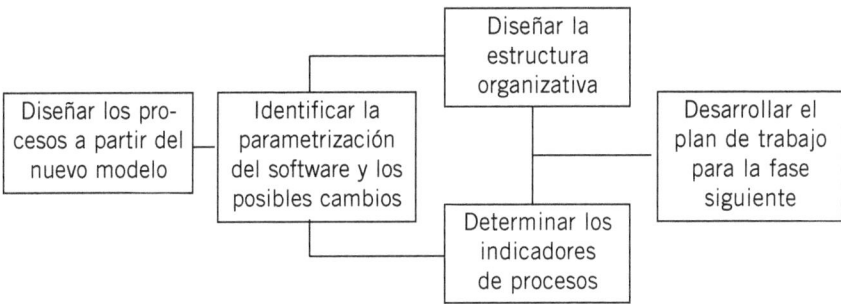

Diseñar los procesos a partir del nuevo modelo	

Diseñar la estructura organizativa

Identificar la parametrización del software y los posibles cambios

Determinar los indicadores de procesos

Desarrollar el plan de trabajo para la fase siguiente

Productos
✓ Modelo operativo detallado (procesos, interacción con tecnología, roles de puestos en la nueva organización).
✓ Software parametrizado.
✓ Inventario de indicadores clave de performance.

Gráfico VII. Ejemplo de mayor detalle en la metodología en una Definición de Proyecto.

Veamos otro ejemplo de esquema de trabajo correspondiente a una metodología.

Supongamos un proyecto de modelo de competencias para la gestión de RRHH (recordemos que cada proyecto define el enfoque metodológico aplicable en función de los objetivos y particularidades de la empresa en la que se efectuará).

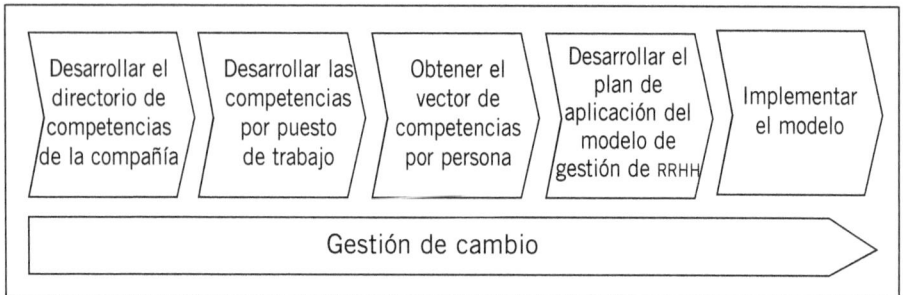

```
Desarrollar el       Desarrollar las      Obtener el        Desarrollar el        Implementar
directorio de        competencias         vector de         plan de               el modelo
competencias         por puesto           competencias      aplicación del
de la compañía       de trabajo           por persona       modelo de
                                                            gestión de RRHH

                              Gestión de cambio
```

Gráfico VIII. Ejemplo de metodología en una Definición de Proyecto de un modelo de competencias.

Como se ve una vez más en este ejemplo, la metodología busca describir cómo se va a construir la solución propuesta, de modo que se visualice la solidez del proceso y se entiendan las etapas por las que transitará el proyecto.

Por último, presentamos un esquema de trabajo de metodología en un proyecto de implementación de tecnología ERP. Allí vemos que no sólo aparecen las respectivas etapas, sino que además se hace una resumida descripción de las principales actividades y productos de cada una de ellas.

Inicio* del proyecto	Análisis de brechas**	Obtención del prototipo	Pruebas	Ingreso en producción***
– Asignación de recursos – Capacitación de los usuarios del proyecto – Instalación de la infraestructura del proyecto	– Identificación de eventos de negocios – Identificación de perfiles y accesos – Documentación y aprobación de usuarios. – Definición de criterios de conversión de datos (automáticos/manuales) - Definición de la estrategia de implantación	– Parametrización del software – Generación de interfases de salida y de entrada – Generación de programas de conversión – Generación de queries y reportes adicionales - Diseño de procedimientos	– Ejecución de pruebas unitarias – Configuración de perfiles de acceso – Ejecución de pruebas integrales – Ejecución de pruebas con datos convertidos	– Configuración de la seguridad – Capacitación de los usuarios – Piloto y propagación****

Gestión del cambio

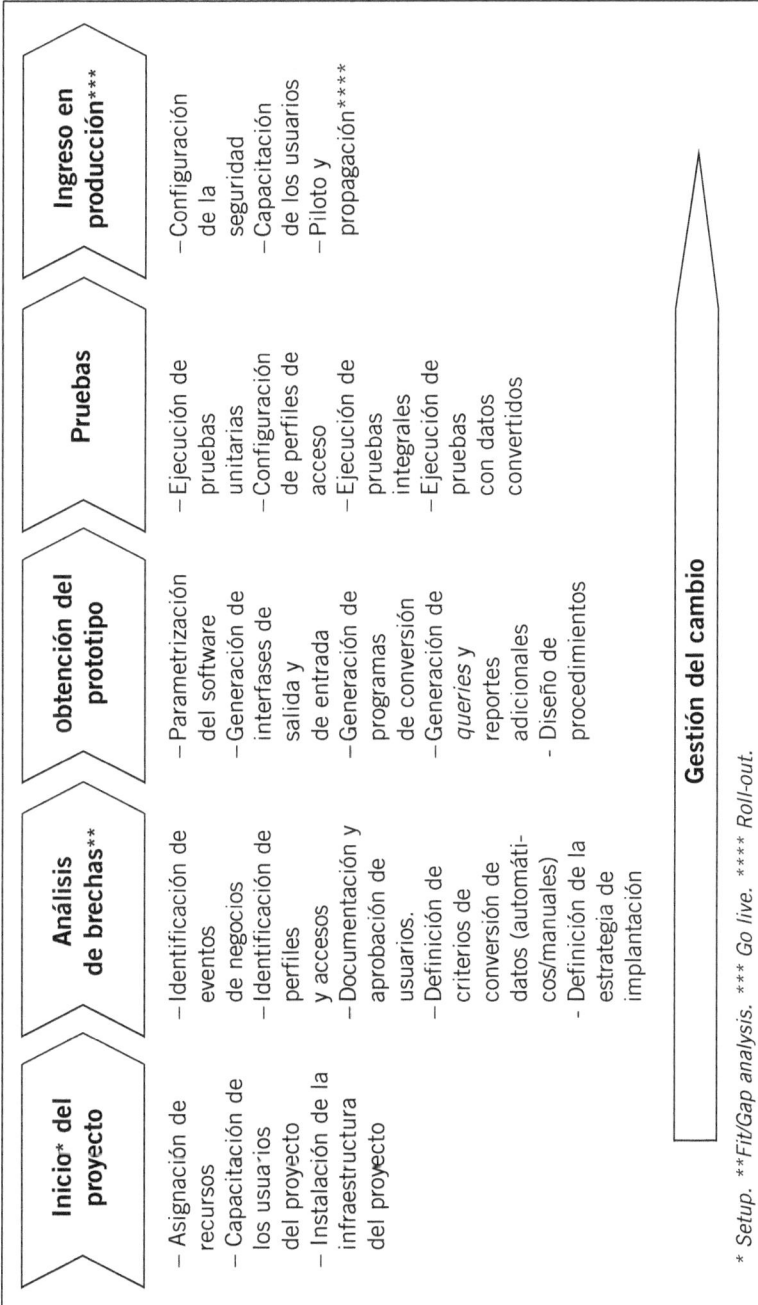

* Setup. **Fit/Gap analysis. *** Go live. **** Roll-out.

Gráfico IX. Ejemplo de metodología en una Definición de Proyecto de tecnología de ERP.

Organigrama

Un organigrama de proyecto tiene básicamente tres niveles:

- el de comité de dirección,
- el de gerenciamiento,
- y el de equipos de trabajo.

El comité de dirección (integrado por sponsors del proyecto) es el máximo órgano de seguimiento y control, y tiene a su cargo las decisiones de alto nivel.

A la gerencia del proyecto, como hemos visto, le corresponde la conducción ejecutiva.

Los equipos de trabajo son los responsables de la ejecución de las actividades operativas diarias.

El organigrama debe reflejar claramente la cobertura de dos aspectos:

- la presencia de todos los conocimientos y habilidades (*skills*) requeridos para poder realizar el proyecto, y
- el compromiso de todos los sectores necesarios.

Cuando se describió el mapa político se recalcó la importancia del segundo aspecto.

Lograr el compromiso de actores críticos es un factor clave para el éxito de un proyecto. Supongamos que el desafío es el proyecto de implementación de un sistema ERP, cuyo gerente es, a la vez, gerente del área. Podemos imaginar dos posibilidades: una, que exista un solo sponsor –el máximo responsable del área funcional respectiva– y que el área de Sistemas y Tecnología se limite a proporcionar los recursos necesarios; otra, que el responsable de Sistemas y Tecnología pase a formar parte del comité de dirección del proyecto.

Dada su autoridad de línea y ámbito de actuación, la integración de este último responsable en el comité de dirección contribuirá a despejar con mayor celeridad los distintos problemas del proyecto vinculados con aspectos técnicos.

Como se desprende de este ejemplo, cuando se trabaja en el diseño del organigrama hay que brindarle mucha importancia no sólo al hecho de disponer de los expertos en cada tema que la tarea demande, sino también a la posibilidad de sumar a aquellos con autoridad dentro de la organización.

El organigrama también debe reflejar la participación de todos los sectores afectados por el proyecto. Como hemos dicho, hay que lograr definiciones consensuadas en el transcurso del proyecto, de modo que no aparezcan problemas a veces difíciles de resolver una vez que los trabajos se encuentran muy avanzados.

En cuanto a los conocimientos y habilidades requeridos para participar de un proyecto, vamos a referirnos en particular a la utilización de expertos externos.

La intervención de consultores es muy frecuente. Estos contribuyen básicamente con tres elementos: experiencia, metodologías de trabajo y recursos no disponibles en la organización.

Su aporte se puede materializar de dos formas: contratando a una consultora que provea lo que habitualmente se conoce como una *pirámide* de recursos que se integran en los tres niveles del proyecto –esto es, en el comité de dirección, el gerenciamiento y los equipos de trabajo–; o bien, contratando un consultor que, sobre la base de sus conocimientos y experiencia, tendrá a su cargo asistir al comité de dirección y darle soporte (*coaching*) al gerente de proyecto a lo largo de la definición, construcción e implementación del proyecto, de modo de reducir los riesgos y contribuir a su éxito.

En el caso de que se decida la contratación de consultores, en cualquiera de las dos modalidades señaladas, su participación debe estar reflejada en el organigrama.

Habitualmente se adjunta al organigrama un anexo donde se identifica a los responsables del proyecto, los líderes de cada equipo y el tiempo de asignación de los recursos, esto es, si tendrán dedicación a tiempo completo, a tiempo parcial (*part-time*) o a requerimiento.

Utilizaremos el caso del proyecto de servicios compartidos al que nos hemos referido anteriormente en este capítulo, para ejemplificar cómo debería ser la presentación de un organigrama.

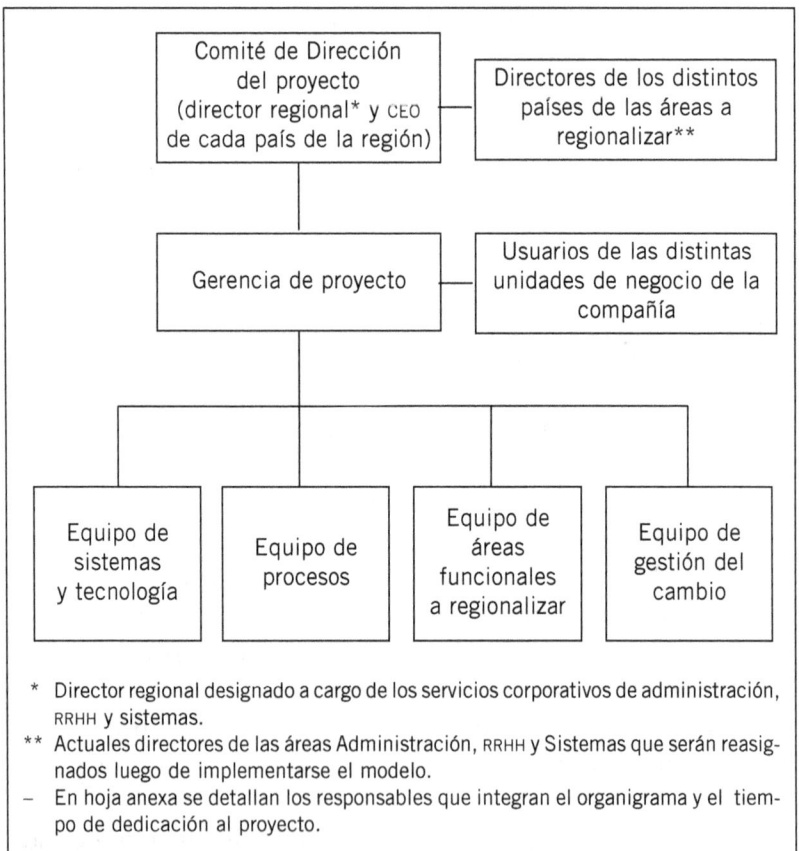

```
┌─────────────────────┐   ┌──────────────────────┐
│  Comité de Dirección│   │ Directores de los    │
│  del proyecto       │   │ distintos            │
│  (director regional*│───│ países de las áreas a│
│  y CEO              │   │ regionalizar**       │
│  de cada país de la │   │                      │
│  región)            │   │                      │
└─────────────────────┘   └──────────────────────┘
          │
┌─────────────────────┐   ┌──────────────────────┐
│                     │   │ Usuarios de las      │
│ Gerencia de proyecto│───│ distintas unidades   │
│                     │   │ de negocio de la     │
│                     │   │ compañía             │
└─────────────────────┘   └──────────────────────┘
          │
  ┌───────┼────────┬──────────┐
┌──────┐┌──────┐┌──────────┐┌──────────┐
│Equipo││Equipo││Equipo de ││Equipo de │
│de    ││de    ││áreas     ││gestión   │
│sist. ││proc. ││func.     ││del cambio│
└──────┘└──────┘└──────────┘└──────────┘
```

* Director regional designado a cargo de los servicios corporativos de administración, RRHH y sistemas.
** Actuales directores de las áreas Administración, RRHH y Sistemas que serán reasignados luego de implementarse el modelo.
– En hoja anexa se detallan los responsables que integran el organigrama y el tiempo de dedicación al proyecto.

Gráfico X. Ejemplo de organigrama en una Definición de Proyecto de servicios compartidos

Cronograma

El cronograma permite establecer, a partir del inicio del proyecto, los plazos en que se cumplirán las distintas etapas de la metodología. Asimismo, se registran allí los puntos o hitos de control del proyecto.

El cronograma es global, por lo que no tiene sentido presentar los plazos asociados a actividades dentro de cada una de las etapas. El objetivo es tener claridad con respecto a la duración total del proyecto y de cada una de sus etapas.

Comprometer plazos significa garantizar que se va a cumplir con ellos. Por eso, los trabajos de estimación y la experiencia de quienes trabajan en la Definición de Proyecto son aspectos críticos.

La recopilación de experiencias hecha al inicio del proceso por parte del gerente de proyecto le da un marco de referencia al cronograma.

Existen ocasiones en que el plazo es un dato. Un ejemplo: el lanzamiento de nuevos productos o servicios. Aquí existe un fuerte condicionante: la velocidad de la competencia. En estos casos, es muy importante el enfoque y el alcance que se va a dar a la ejecución del proyecto: se debe priorizar lo principal y postergar lo accesorio. Todo aquello que tiene esta última característica se traslada a lo que habitualmente se denomina Fase II del proyecto, esto es, un nuevo proyecto que lleve adelante todo el alcance que no se incluyó en el anterior, por no haberse considerado crítico para el lanzamiento.

Veamos un ejemplo de la presentación del cronograma, que corresponde a un proyecto de lanzamiento de un nuevo servicio para clientes utilizando los beneficios del *e-business.*

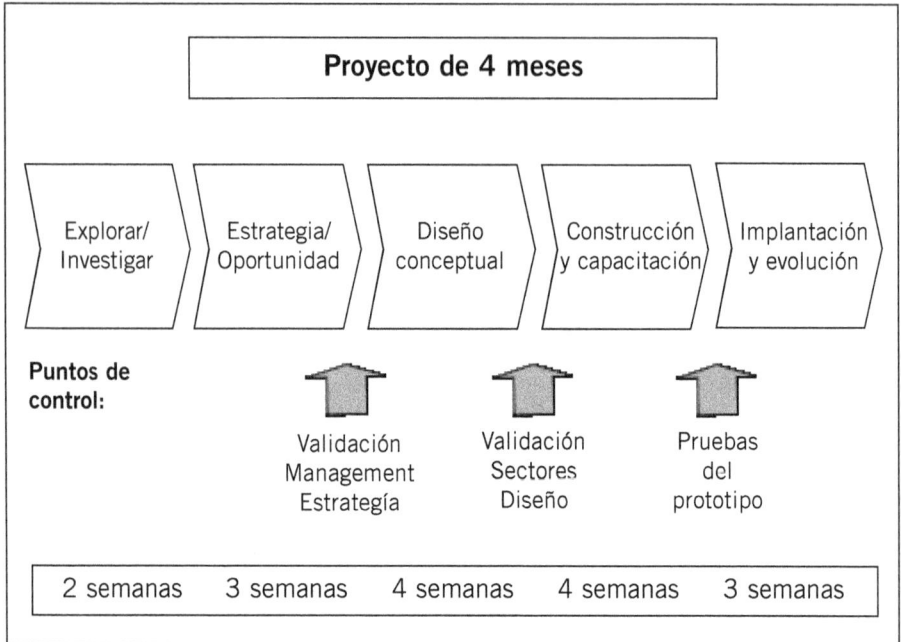

Proyecto de 4 meses

| Explorar/ Investigar | Estrategia/ Oportunidad | Diseño conceptual | Construcción y capacitación | Implantación y evolución |

Puntos de control:

Validación Management Estrategía

Validación Sectores Diseño

Pruebas del prototipo

| 2 semanas | 3 semanas | 4 semanas | 4 semanas | 3 semanas |

Gráfico XI. Ejemplo de cronograma de una Definición de Proyecto de *e-business*.

Identificación de riesgos

Una matriz de riesgos tiene como objetivo reflejar las distintas contingencias a las que un proyecto puede estar sujeto, y la forma en que se ha previsto enfrentarlas (en el caso de que se conviertan en realidad).

La matriz de riesgos es una alerta temprana de aspectos críticos cuya presencia en la agenda del comité de dirección contribuye a crear un *sentido de urgencia* de los temas y, en consecuencia, a ganar la atención de los sponsors. Por ello, la matriz de riesgos formulada estará presente en las reuniones de seguimiento (se describen en el siguiente capítulo) durante la ejecución del proyecto. Esto permite ir monitoreando el estatus de las contingencias originalmente identificadas y la incorporación de nuevas, en el caso de que ocurran.

Vamos a utilizar el caso del proyecto de implementación de tecnología ERP para visualizar la presentación de una matriz de riesgos.

Riesgo	Contingencia	Acción mitigante	Responsable	Estatus
Falta de hardware	Demora en go live e impacto en presupuesto	Seguimiento fuerte al proveedor del hardware	Tecnología	Abierto
Participación de usuarios	Problemas en la implementación	Reunión con directores de área	Sponsor	Cerrado
Errores* del software	Impacto en el equipo de desarrollo	Compromisos de la casa matriz del proveedor del software	Gerencia de proyecto	Abierto
Falta de recursos técnicos	Imposibilidad de realizar el proyecto de acuerdo con la definición	Tercerización de las tareas	Gerencia de desarrollo de sistemas	Abierto

* Bags.

Gráfico XII. Ejemplo de matriz de riesgos en una Definición de Proyectos de tecnología de ERP.

Justificación económica (*business case*)

Todo proyecto implica una inversión para la compañía, y toda inversión debe tener un retorno o beneficio que justifique el proyecto (a pesar de que existen muchos proyectos que responden sólo a objetivos cualitativos que la empresa considera necesarios y críticos para su operación).

Explicaremos de la forma más simple posible la justificación económica de proyectos con objetivos cuantitativos (quienes quieran profundizar, pueden recurrir a bibliografía básica de cálculo financiero).

Un proyecto siempre está asociado a un flujo de fondos, constituido por los egresos en que se tiene que incurrir para llevar adelante el proyecto, y por los ingresos netos o ahorros netos de costos que éste permitirá cuando se implemente.

Como ejemplo de justificación económica, en el cuadro siguiente se muestra un esquema de flujo de fondos asociado a un proyecto de implementación de tecnología CRM (*Customer Relationship Management*).

Vemos que, como egresos, aparecen distintos conceptos (hardware, software, costos de recursos afectados al proyecto, etc.), y como ingresos, los beneficios netos esperados (reducción de costos de operación, impacto en resultados por incrementos de productividad, etc.) luego de implementado el proyecto y a partir del período que hemos identificado como "n". (Véase Gráfico XIII.)

A través de distintos métodos de cálculo podemos obtener la justificación económica del proyecto. Ellos son los que siguen.

– *Período de recupero de la inversión:* es decir, en qué período posterior a la implementación del proyecto se recupera la inversión (expresados los flujos netos de cada período futuro en un valor actual a través de una tasa de descuento "i"). Si el recupero de la inversión se prevé en un plazo que la compañía considera adecuado, probablemente decidirá avanzar con el proyecto.

– *Valor actual neto del flujo de fondos:* a través de la sumatoria algebraica en una cierta cantidad de unidades de tiempo establecidas (años, en el ejemplo) de los valores actuales, calculados como en el caso an-

	Año 1	Año 2...	Año n	Año n+1

Egresos demandados

Software licencia
Software mantenimiento
Hardware y comunicaciones
Salarios recursos del proyecto
Consultoría
Otros

Importes de año en año de las erogaciones por concepto

| Total egresos año | (a) | ($) | ($) | |

Beneficios previstos
Reducción costos operación
Efecto *bottom-line*
Productividad
Nuevos ingresos

Importes de año en año de los ingresos por concepto

| Total ingresos año | (b) | | $ | $ |

Flujo neto de fondos

| | (b) - (a) | ($) | ($) | $ | $ |

Métodos de cálculo

– Recupero de la inversión en *n* períodos.
– Valor actual neto del flujo de fondos.
– Tasa interna de retorno.

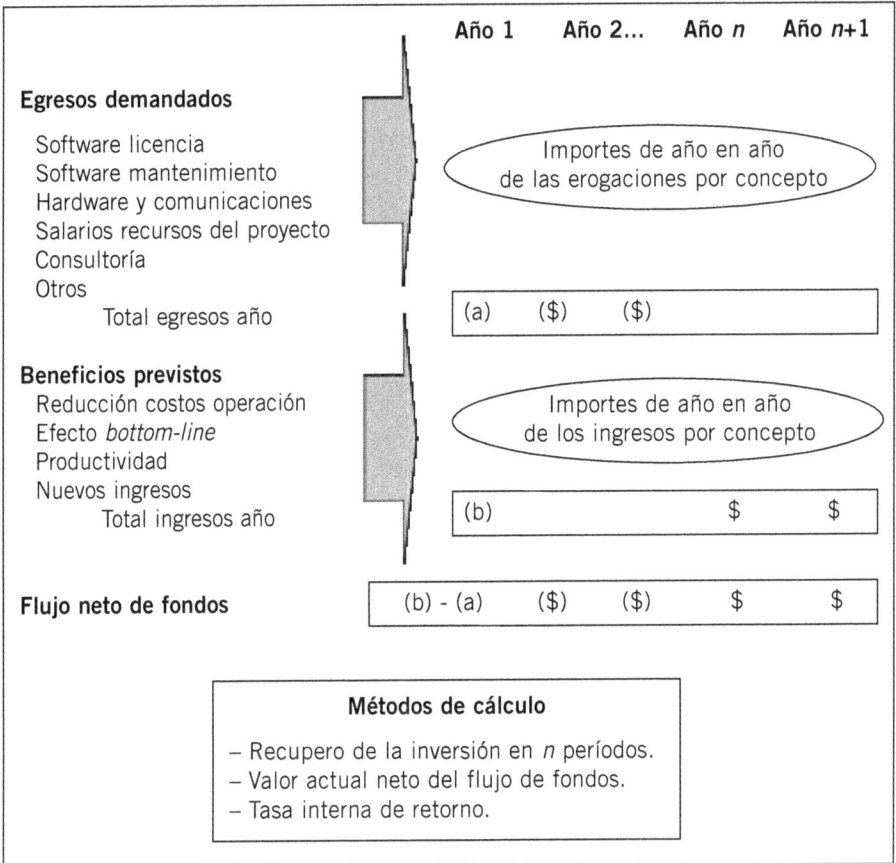

Gráfico XIII. Ejemplo de justificación económica en una Definición de Proyecto de tecnología de CRM.

terior, se determina si el proyecto es económicamente viable. Esto se produce cuando el resultado del referido flujo de fondos a valores actuales es mayor que 0 (cero), o sea que es positivo, y le reporta a la compañía una cifra que ésta considera atractiva.

– *Tasa interna de retorno (ROI - return on investment)*: es la tasa que iguala a cero el flujo neto de fondos del proyecto (como en los casos anteriores, en valores actuales). No se requieren conocimientos matemáticos avanzados para realizarla, ya que las calculadoras científicas y el software de planillas de cálculo proveen esta función. Sólo hay que ingresar como dato el flujo de fondos. Si dicha tasa es superior a la tasa de corte que utiliza la compañía, entonces el proyecto es viable. La tasa de corte es la tasa adoptada por la organización para emprender nuevos proyectos. Por ejemplo, si la tasa de corte de una compañía es 20%, medida en una moneda constante, la empresa considerará todo proyecto que le proporcione una tasa de rentabilidad (o ROI) superior a la mencionada.

Veamos un ejemplo numérico, suponiendo el siguiente flujo de fondos (expresado en miles de pesos).

	Año 1	Año 2	Año 3	Año 4	Año 5
Flujo neto de fondos (ingresos menos egresos)	(1.000)	(200)	1.800	1.800	1.800

La tasa de descuento para llevar el flujo de fondos a valores actuales es del 5% anual.

La expresión

$$\frac{1}{(1+i)^y} * \text{importe } n$$

es el modo de actualización del flujo neto de fondos de cada período, donde:

y = año del flujo de fondos
i = tasa de descuento/100
Importe n = valor nominal neto del flujo de fondos de cada año.

El siguiente es el cálculo de los factores de corrección para cada período:

EL PRIMER PRODUCTO: LA DEFINICIÓN DEL PROYECTO

$$\frac{1}{1,05^1} \quad \frac{1}{1,05^2} \quad \frac{1}{1,05^3} \quad \frac{1}{1,05^4} \quad \frac{1}{1,05^5},$$

lo que da como resultados los siguientes factores de corrección:

$$\frac{1}{1,05} \quad \frac{1}{1,10} \quad \frac{1}{1,15} \quad \frac{1}{1,21} \quad \frac{1}{1,27}$$

| 0,9523 | 0,9090 | 0,8695 | 0,8264 | 0,7874 |

Estos factores de corrección permiten que los valores nominales del flujo de fondos netos sean expresados en valores actuales.

El siguiente es el flujo de fondos en valores actuales:

	Año 1	Año 2	Año 3	Año 4	Año 5
Flujo neto de fondos en valores actuales	(952)	(181)	1.565	1.487	1.417
Flujo acumulado	(952)	(1133)	432	1.919	3.336

Si analizamos la justificación económica según los tres métodos descritos, llegamos a las siguientes conclusiones.

– *Período de recupero de la inversión*
Al tercer año de iniciado el proyecto se recupera la inversión original (esto surge del análisis del flujo acumulado de fondos, positivo en el tercer año).
– *Valor actual del flujo de fondos*
El proyecto es viable, dado que genera un flujo de fondos acumulado positivo de 3.336, considerando un período de 5 años.
– ROI - *Tasa interna de retorno*
Considerando un período de 5 años, el proyecto

tiene un ROI de 67% (es la tasa que iguala a cero el flujo de fondos de nuestro ejemplo), que es muy superior a la tasa de corte del 20% utilizada por la empresa de nuestro ejemplo para aceptar proyectos.

Muchas veces la posibilidad de desarrollar una justificación económica se complica por la dificultad para establecer critierios que permitan mostrar el flujo de ingresos que generará el proyecto. En estos casos hay que agudizar el ingenio.

Recuerdo un proyecto de segmentación en una compañía cuya cantidad de clientes se expresaba con un número de 7 dígitos. La empresa no tenía experiencia en la segmentación de clientes. Razones de mercado y un liderazgo innovador del área comercial impulsaron la idea de trabajar en un entendimiento mejor de sus clientes, de modo de incrementar los beneficios.

El sentido común indicaba que este proyecto, que requería inversiones en herramientas tecnológicas de *business intelligence* (inteligencia de negocio), tales como hardware, bases de datos, herramientas de actualización y de explotación de las bases, e inversiones para la obtención y generación inicial de datos, sin lugar a dudas se iba a repagar en un plazo razonable, y la contribución a los resultados de la compañía con el transcurso del tiempo sería inmensa. El cambio que se produciría por gestionar clientes con estas herramientas hacía pensar que el proyecto debía elaborarse independientemente de su justificación económica, pero las normas corporativas de la compañía requerían que aquella se formulase.

La gerencia de proyecto solicitó entonces a los posibles proveedores de tecnología criterios que ayudaran a elaborar una justificación económica preliminar. La respuesta siempre era la misma: la forma de cuantificar era indirecta. Esta consistía en la simple mención de la experiencia del mercado, según la cual el ROI (*return on investment*) de estos proyectos era muy alto y el período de recupero de la inversión muy corto, pero hacía falta mayor precisión. Se decidió avanzar entonces en un concepto que proporcionó una línea de trabajo para definir los ingresos, que denominamos *disparadores de generación de beneficios*.

Proponían adoptar mejoras insignificantes (1%) en la situación actual, que nadie podría negar que se conseguirían con un proyecto de segmentación, y que, dada la magnitud de los montos, generarían beneficios muy importantes.

Concretamente, estos disparadores eran:

– disminución de los costos de acciones de marketing (campañas) sobre los clientes por la mayor inteligencia en su ejecución;
– incidencia de la retención de los clientes en la facturación y en la facturación cruzada[7];
– contribución a la efectividad en el lanzamiento de nuevos productos y servicios.

Los conceptos que originaban egresos de fondos podían clasificarse según la frecuencia:

– *única vez*, es decir los costos de realización del proyecto (hardware, licencia de software de base y aplicativo, generación inicial de datos, servicios profesionales externos y costo de los recursos humanos de la compañía afectados al proyecto);
– *operacionales recurrentes* (mantenimiento de hardware y de la licencia de software, actualización periódica de datos y afectación permanente de recursos humanos propios).

---

7. *Cross-selling.*

Con estos elementos se elaboró la justificación económica del proyecto, que efectivamente demostraba un período de recupero corto y un ROI muy importante en una proyección de 3 años.

Acciones de rápida implementación

Es frecuente que durante el desarrollo de una Definición de Proyecto se identifiquen acciones que no requieren la ejecución del proyecto para ser implementadas y que contribuyen con un beneficio para la organización.

Dado que constituyen un subproducto del trabajo (a veces tan importante como para pagar buena parte del proyecto que todavía no se realizó), se introducen en un último capítulo de la Definición del Proyecto.

Recuerdo el caso de una compañía que, luego de realizar una implementación tecnológica de importantes dimensiones (proyecto que duró aproximadamente 18 meses), decidió trabajar en una *mejora de procesos post-implementación*. Este tipo de proyectos se realiza cuando durante la implementación de la nueva tecnología no se ha avanzado en todas las oportunidades de cambio posibles para evitar mayores complejidades en el desarrollo del proyecto. En tales casos, la estrategia que se sigue es instrumentar ciertos cambios en los procesos del modelo una vez finalizado el proyecto.

Durante la preparación de la Definición del Proyecto se detectó una mejora fácil de concretar, que no requería del proyecto para ser ejecutada: un cambio de criterio en el tratamiento de los reclamos por errores de la facturación le permitiría a la compañía hacer ahorros importantes en los costos de operación, pues se identificó un proceso alternativo que en la ecuación de costo/beneficio reportaría interesantes ventajas. En el mismo caso se identificaron otras oportunidades que fueron presentadas al management del área.

Conclusión: cuando se está trabajando en una Definición de Proyecto no debe dejarse de considerar la oportunidad de entregar valor en forma anticipada. Esto da una percepción positiva sobre la construcción e implementación del proyecto y, además, en algunos casos es una fuente de beneficios que permite financiar una parte del proyecto.

Cierre

Ya disponemos de la Definición del Proyecto. Es el momento de presentarla a todos los sponsors que integren el comité de dirección.

Algunas sugerencias (*tips*) para dicha presentación:

– Antes de convocarla, el gerente de proyecto debe reunirse con su sponsor original para confirmar que está de acuerdo con todo el contenido del documento.
– La convocatoria debe hacerla el gerente de proyecto, dándole un enfoque de reunión de trabajo para validar el documento, y no de sesión donde se presentará el tema como cerrado (esto permite a los sponsors estar más cómodos para aportar sugerencias finales y brinda al gerente de proyecto la flexibilidad necesaria para incorporarlas a la Definición del Proyecto).
– Se debe focalizar la presentación en las 10/15 transparencias que representan el *resumen ejecutivo* de la Definición del Proyecto, pero es conveniente tener a mano las transparencias que permitan ampliar y profundizar cada uno de los puntos, para utilizarlas si alguno de los participantes lo requiere.

– En el caso de que no aparezcan situaciones no previstas que obliguen a replantear la Definición del Proyecto (poco probable en la medida en que el gerente de proyecto haya conducido un trabajo adecuado en términos de contenido y de proceso), el gerente de proyecto debe cerrar la presentación con dos puntos. El primero, comprometiendo la introducción en la Definición del Proyecto de los cambios que aparecieron en la reunión de trabajo respectiva, y el segundo acordando enviar el documento definitivo.

Si todo sale en la reunión en la forma prevista, ¡felicitaciones para el gerente de proyecto!

Eso significa que los sponsors han aprobado el diseño, los plazos, los recursos y el presupuesto. Además, habrán salido muy satisfechos de la reunión por el nivel de profesionalidad de la presentación.

Ahora sí. ¡A ejecutar el proyecto!

CAPÍTULO IV

CONSTRUCCIÓN E IMPLEMENTACIÓN DEL PROYECTO

Tema del capítulo:
Conducción, planificación, ejecución y control de las tareas y productos del proyecto.

LA DEFINICIÓN DEL PROYECTO ha concluido. Es el momento de encarar la etapa de construcción e implementación.

En primer término, hay que anunciar la existencia del proyecto (si no es confidencial) a todas aquellas áreas y sectores de la organización que se considera que deben estar al tanto. Esta comunicación queda a cargo de los sponsors, y su contenido tiene que estar orientado a informar sobre aspectos generales del proyecto y quién ha sido designado para gerenciarlo, y a solicitar la colaboración respectiva.

Ahora el gerente de proyecto convocará a una reunión que habitualmente se denomina "de arranque" o "puntapié inicial"[1]. También corresponde lanzar todas las acciones para disponer de la infraestructura del proyecto.

Durante la etapa de definición, el gerente de proyecto conforma los equipos de trabajo, selecciona los recursos humanos que van a participar y celebra reuniones con los responsables de línea, a quienes dichos recursos reportan. En estas reuniones se va acordando la disponibilidad y dedicación de los recursos para el proyecto, es decir que, para cuando los sponsors aprueban la definición, estas negociaciones ya han sido realizadas.

Es importante señalar que un proyecto requiere concentración y foco, es decir que la gente se dedique a él a tiempo

---

1. *Kick-off.*

completo y que todos trabajen en un mismo lugar físico. Si el personal divide su tiempo entre los requerimientos del proyecto y las demandas del día a día, el gerente de proyecto llevará las de perder, porque los empleados tienen en claro que el proyecto es una asignación puntual y temporaria, razón por la cual siempre darán prioridad a lo que les solicite su jefe de línea. El doble comando no es bueno. Obligará al gerente de proyecto a gastar mucha energía en lograr el tiempo de asignación que el proyecto demandará de la gente.

Por otra parte, como lo veremos en el próximo capítulo, es necesario que los participantes que provienen de distintas áreas, con distintas formas de trabajo (y hasta con distintas culturas), terminen conformando un equipo de alta productividad y fuertemente integrado, y no se consigue tal cosa si trabajan a tiempo parcial y están ubicados en distintos lugares físicos. Algunos proyectos, o algunas de sus etapas, pueden exigir la distribución del personal en varias localizaciones, incluso distintos países, pero aun en esos casos habrá espacios propios destinados sólo a la tarea específica.

A pesar de lo dicho, en las organizaciones existen circunstancias que hacen imposible afectar a la gente a tiempo completo a un proyecto, e incluso impiden la disponibilidad del espacio físico para montarlo. En estos casos extremos, una forma de contrarrestar esta desventaja es negociar con los gerentes de línea los horarios de afectación al proyecto y obtener una sala de reuniones con un cartel indicativo del proyecto. Está claro que estas no son condiciones apropiadas, razón por la cual el gerente de proyecto debe realizar lo que esté a su alcance para evitar este escenario.

La reunión de arranque *(kick-off)*

Si el gerente de proyecto ha ganado la batalla por la forma de asignación de los recursos y su ubicación en un lugar físico determinado, a esta altura está instalando la infraestructura. Esto es: escritorios, salas de reuniones, líneas telefónicas, PC, directorios especiales en la red de datos, etc. De modo que está en condiciones de convocar a todos los recursos a una reunión de lanzamiento, al cabo de la cual la gente se instalará y comenzará a trabajar.

¿Cuál debería ser la agenda de esta reunión? Lo ideal es que comience con una introducción del(los) sponsor(s) referida a los antecentes y la importancia del proyecto. Luego, corresponde que el gerente detalle los contenidos de la definición (a veces, por razones de confidencialidad, no se presenta el punto de la justificación económica) y presente el esquema de reuniones de seguimiento y control previstas (nos referiremos a ellas más adelante, en este capítulo). Después se comparten y responden las inquietudes de los asistentes. Como cierre, es conveniente que todo el equipo comience a trabajar en la búsqueda de un nombre y un logo para el proyecto.

Este aspecto, que puede ser considerado menor, tiene su importancia: por un lado, a través de esta primera interaccción se comienza a convertir un grupo de gente en un verdadero equipo de trabajo; por otro, al identificar el proyecto con un nombre y un emblema, se puede comenzar a construir el sentido de pertenencia. Habitualmente esta actividad consiste en un concurso interno, habilitándose una urna por un período corto (una semana) para que la gente deposite sus propuestas en sobre cerrado. Al cabo de dicho período la gerencia de proyecto y los sponsors seleccionan una terna (de modo que el proceso esté protegido y el nombre y el logo no sean contradictorios con la cultura de la organización), que es sujeta a votación para que el equipo de proyecto seleccione la propuesta ganadora en un proceso democrático. El autor de dicha propuesta generalmente recibe algún premio (ya considerado en las bases del concurso).

Con el cierre de la reunión inicial, comienza el trabajo en el proyecto propiamente dicho.

Los planes detallados

Las actividades de los equipos de proyecto tienen que ver con la naturaleza del propio proyecto y con las competencias específicas de cada equipo. Sin embargo, existe una tarea inicial común que tiene que ver con la formulación de los planes de trabajo detallados. Estos planes les permiten a los equipos descomponer las tareas propias de cada etapa en actividades asignadas a responsables con fecha de comienzo y de finalización. Asimismo, si bien cada equipo tiene un plan propio, deben coordinarse, dada la interdependencia de ciertas tareas.

Habitualmente, para trabajar en los planes detallados se recurre a herramientas de software no muy complejas y que son de gran utilidad, ya que una vez cargada la información permiten obtener material como:

- gráficos PERT (técnica de programación por camino crítico, que permite identificar las tareas que indefectiblemente deben culminar en la fecha estipulada para no afectar al proyecto en su conjunto);
- GANTT (gráfica de carga de tareas por recurso);
- porcentajes de avance de las tareas, y
- otros datos necesarios para el seguimiento y control de las actividades.

El gerente de proyecto se concentrará en este momento en la revisión de cada uno de los planes y su análisis de razonabilidad.

La estimación de los tiempos correspondientes a las distintas actividades, según mi experiencia, debe ser formulada por los mismos equipos. Existen dos razones para ello:

son quienes tienen el conocimiento específico de su trabajo, y al hacerlo asumen un fuerte compromiso con los plazos, por ser ellos quienes los han propuesto.

La gerencia de proyecto tiene que cuidar que dichas
estimaciones sean compatibles con los plazos generales del
proyecto y que además prevean cierto margen para enfrentar posibles contingencias.

La muy difundida frase "el papel soporta todo" se refiere a que algo puede ser presentado en la documentación
como posible, pero no es realmente aplicable en el momento de su ejecución.

Por eso se recomienda que la gerencia de proyecto rea-
lice la revisión de los planes en un marco dinámico e inte-
ractivo durante una sesión de presentación de los planes
de trabajo de cada equipo, en la que el gerente debe cues-
tionar todo aquello que no ve claro. Esto no significa po-
nerles palos en la rueda a los equipos, sino hacer una validación constructiva de los planes de trabajo.

Anticipación: la actitud clave del gerente de proyecto

Todo gerente de proyecto experimentado sabe que antici-
parse a los hechos significa desarrollar propuestas previamente meditadas para influir ante los distintos actores y lograr que las decisiones y acciones marchen en la dirección
deseada.

¿Cómo se manifiesta esta actitud de anticipación y qué
consecuencias tiene?

*En primer término, una actitud de anticipación contribuye a
la productividad del proyecto en general.* Si bien los debates en-
riquecen la calidad de los productos o hitos intermedios
del proyecto, se pueden dar sobre la base de una elaboración previa que luego obtenga el respectivo consenso y se
ejecute. La experiencia aclara los puntos confusos para que

83

los distintos equipos, en el inicio de cada una de las etapas, no queden enredados en situaciones de deliberación prolongada que demoren la ejecución de sus actividades.

Veamos un ejemplo. En un proyecto de implementación de *supply chain management* (integración tecnológica con proveedores del proceso de abastecimiento) se está ingresando en la etapa de pruebas. Una actitud anticipatoria sería que el gerente de proyecto no aguardara llegar a dicha etapa para generar un documento sobre metodología y enfoque de la prueba, sino que ya durante el cierre de la etapa anterior procurara acordar con los distintos actores un criterio a seguir.

Esta actitud anticipatoria se puede explicar gráficamente de la siguiente manera.

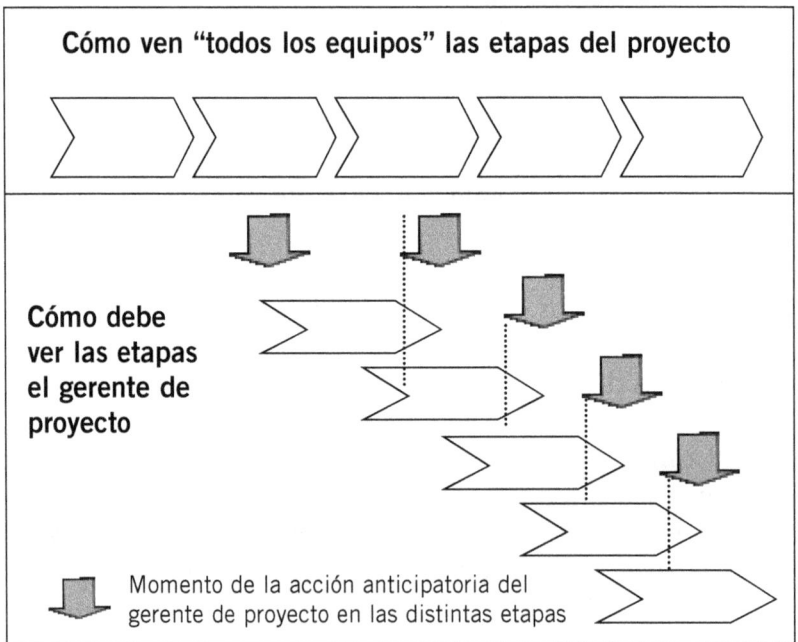

Gráfico I. Visión gráfica de la actitud anticipatoria del gerente de proyecto.

En segundo término, una actitud de anticipación contribuye a reducir conflictos organizacionales que pueden afectar al proyecto.
El gerente de proyecto conoce el ambiente organizativo y tiene la visión completa del proyecto. En consecuencia, tempranamente es consciente de los conflictos que el proyecto puede generar. Su labor entonces es *operar* sobre dichos aspectos fortaleciendo relaciones e influyendo en la creación de contextos que eviten complicaciones.

Por ejemplo, supongamos un proyecto que implica una reingeniería de procesos del área comercial de una compañía donde existen varias divisiones que actúan en forma descentralizada y autónoma. Se llega a la conclusión de que crear un centro de procesamiento centralizado de actividades administrativas brindaría importantes beneficios y permitiría un ahorro de costos.

Ahí tenemos una situación nueva que puede originar un conflicto organizacional: ¿qué división se hará cargo de dicho centro unificado de procesamiento? ¿Quién se hará cargo del presupuesto de operación? Si el gerente de proyecto deja abierto el tema hasta el momento de la implementación, está poniendo en riesgo las fechas del proyecto, porque pueden aparecer puntos de vista distintos difíciles de conciliar y que el proyecto no podrá resolver técnicamente porque será demasiado tarde (el proyecto en su momento avanzó con definiciones en la construcción del nuevo modelo que ahora están siendo cuestionadas).

Por el contrario, si tempranamente se identificó este conflicto potencial, el proyecto va a lanzar anticipadamente sesiones y reuniones que permitan un acuerdo, y cuyo diseño estará considerado en el proyecto.

Entonces, tanto por razones de productividad del proyecto como para evitar conflictos organizacionales, *la anticipación es relevante en la función de gerente de proyecto.*

Control y seguimiento del proyecto: un modelo de gestión

Para todo proyecto es necesario formalizar un método de control y seguimiento de las actividades. Se trata de un modelo de gestión en el cual, al interactuar los tres niveles del organigrama de proyecto, se crean los mecanismos que aseguran una contribución del conjunto a través del ejercicio de la función de cada uno.

El siguiente gráfico sintetiza esta interacción.

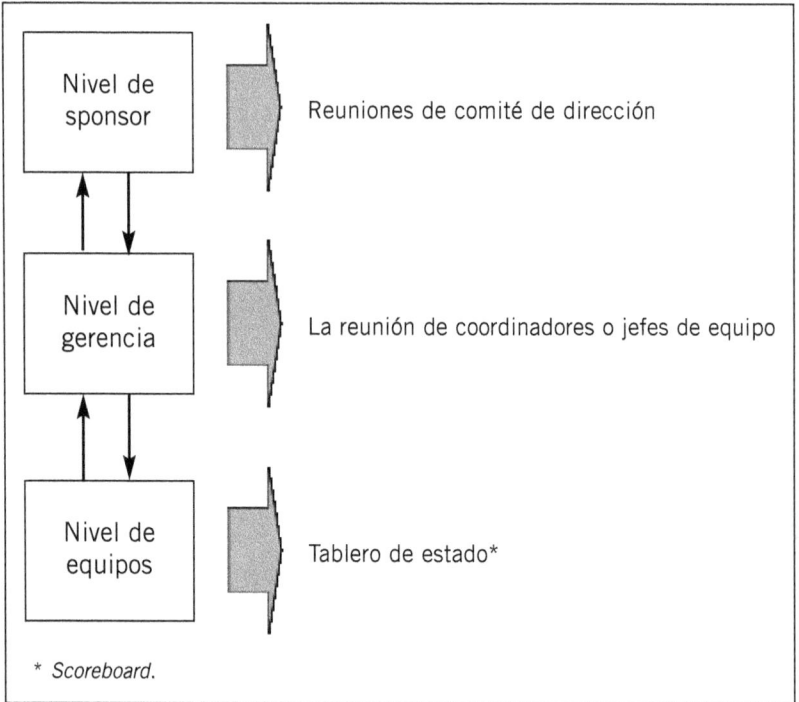

Nivel de sponsor	Reuniones de comité de dirección
Nivel de gerencia	La reunión de coordinadores o jefes de equipo
Nivel de equipos	Tablero de estado*

Scoreboard.

Gráfico II.

Obviamente, el nivel dentro del organigrama define el tipo de seguimiento y control.

Comencemos con las reuniones del máximo nivel de autoridad del proyecto, esto es, el comité de dirección. La frecuencia con que se realizan dichas reuniones varía en función de la extensión del proyecto, pero en general, y tomando como base proyectos de duración media, una vez por mes resulta razonable. Cuando se está próximo a la implementación del proyecto, este período puede reducirse a quince días y, en algunos casos, hasta una semana.

Quienes participan son los integrantes del comité de dirección, y la gerencia de proyecto. Para el tratamiento de algún tema en particular suelen participar algún(os) líder(es) de equipo.

La agenda habitual de estas reuniones se puede resumir en estos puntos:

- Plan general del proyecto. Estado actual.
- Hitos logrados en el período.
- Hitos para el próximo período.
- Estado de la matriz de riesgos.
- Puntos de atención del proyecto.
- Presupuesto.
- Alguna presentación puntual (de diseño o de criterio adoptado por el proyecto).

Con respecto a las reuniones de la gerencia del proyecto con los coordinadores o jefes de equipo, deberían hacerse con una frecuencia semanal.

La agenda de estas reuniones se inicia con una breve introducción en la que el gerente de proyecto hace referencia a los aspectos relevantes actualizados desde la última reunión. La mayoría de las veces se asigna a cada uno de los coordinadores o líderes de equipo la tarea de informar brevemente sobre:

- actividades cumplidas en la última semana;
- actividades a cumplir en la próxima semana;
- puntos de atención.

87

Esto permite una intensa interacción entre los equipos, un conocimiento común de los distintos aspectos del proyecto y una visión compartida del estado del proyecto en su conjunto.

Es conveniente diseñar un tablero de estado para utilizar en las reuniones semanales individuales entre cada equipo y la gerencia de proyecto.

En dicho cuadro se identifican, en la coordenada horizontal, los distintos hitos críticos del equipo a lo largo de todo el proyecto, los cuales se desprenden del plan de trabajo detallado. Cada uno de estos hitos tiene una fecha de cumplimiento de acuerdo con lo planificado. En cada reunión de seguimiento, se señala el estado de cada uno de ellos con un color que gráficamente represente su situación (verde, amarillo, rojo, o ningún color si no se ha iniciado).

Las reuniones de seguimiento con cada equipo se centran en estos hitos y le permiten a la gerencia de proyecto conocer con la profundidad necesaria la marcha de las tareas de cada equipo, y a partir de allí trabajar sobre cada tema que, según su criterio pueda afectar al proyecto. Asimismo, le permite reconocer situaciones que requieran adoptar decisiones, y otras tantas que señalen la necesidad de arbitrar frente a hechos conflictivos entre los equipos.

Como se desprende de lo expuesto, el modelo de gestión que se crea a partir de las actividades de seguimiento y control logra que:

- el comité de dirección tome decisiones en forma oportuna;
- la gerencia de proyecto tenga el nivel requerido de profundidad en el conocimiento de los temas para poder operar y conducir;
- los equipos trabajen coordinadamente y tengan respuestas rápidas para los problemas que afectan su trabajo.

Fortalecimiento del equipo *(team building)*

¿Cómo está compuesto un proyecto? Más allá de la infraestructura de base (lugar físico, PC conectadas en red, licencias de software, etc.), un proyecto se integra con tres elementos: *el primero es gente, el segundo es gente y el tercero es gente.*

Dada esta realidad, no cabe la menor duda de que su éxito depende en forma absoluta de sus participantes.

En capítulos anteriores nos referimos brevemente a la criticidad del tema *gente* en un proyecto y las dificultades de obtener los recursos humanos adecuados de los distintos sectores y áreas de la compañía. Ahora es el momento de abordar un tema difícil en la agenda del gerente de proyecto, esto es, la batalla que deberá librar para obtener el mejor personal posible, no sólo en relación a sus conocimientos y competencias, sino también a su comportamiento: lo que menos necesita el proyecto son personas conflictivas. El responsable debe, entonces, incorporar gente sobre cuya actitud y compromiso con el trabajo tiene referencias positivas, en la cual pueda confiar y con la que sabe que se sentirá cómodo a lo largo de una estrecha convivencia. El gerente de proyecto no debe dudar en realizar entrevistas para verificar dichas características.

Un proyecto es un desafío extremadamente interesante, pero también, en la mayoría de los casos, requiere esfuerzos y sacrificios, como largas jornadas, situaciones tensas y fines de semana de trabajo (en mayor medida cuando está próximo el momento de la implementación del proyecto).

Como parte de sus atributos de liderazgo y management, el gerente de proyecto tiene que trabajar para que la gente esté motivada.

A continuación se ofrecen algunas sugerencias que pueden ayudar a lograr este objetivo.

- Se debe confirmar con los sponsors si está previsto que habrá algún tipo de *bonus* (compensación económica extraordinaria) para los miembros del proyecto. Esta es una práctica habitual en algunas compañías donde se reconoce el mayor esfuerzo y dedicación de horas al trabajo que exige un proyecto. Si existe, mejor. Si no, el gerente de proyecto debería explorar la posibilidad de que se acuerde la aplicación de una evaluación de desempeño específica asociada al proyecto para la gente del equipo de trabajo. Esta evaluación debería considerarse en el proceso de evaluación anual;
- el gerente de proyecto debe hacer todos los esfuerzos posibles para disponer de la infraestructura necesaria, por ejemplo, agregar una secretaria para liberar a los equipos técnicos de tareas administrativas;
- en la elaboración del presupuesto siempre se deben incluir algunos gastos de orden social, como festejos al alcanzar hitos intermedios y otras actividades que contribuyen a fortalecer el espíritu de equipo;
- se debe promover la visita de los sponsors;
- el gerente de proyecto debe estar atento a las relaciones personales entre los miembros de distintos equipos. El conflicto afecta la productividad;
- conviene reconocer explícitamente los esfuerzos y logros de los equipos y alentarlos en la búsqueda del éxito del proyecto.

Seguramente existen muchos más recursos para estimular a la gente. No se debe dudar en aplicarlos, ya que la motivación es una de las funciones y responsabilidades del gerente de proyecto. Sólo hay que tener en cuenta que las acciones no contradigan la cultura organizacional.

En el marco de un proyecto de tecnología de la información –más precisamente la implementación de un ERP–, pude comprobar una vez más el poder de un equipo de trabajo motivado y su capacidad para superar dificultades y alcanzar metas.

Ese proyecto se había propuesto plazos mucho más estrechos que los normales en casos similares. A ello se sumaba el hecho de que el proyecto iba a instalar una versión nueva del software en el país (aunque no en la región, donde ya se conocía), y sobre una base de datos que también constituiría la primera experiencia local. Además, en el transcurso del proyecto fue reemplazado un responsable del área de Tecnología y Sistemas. Las condiciones para generar problemas estaban dadas.

Sin embargo, existía un componente excepcional: un comité de dirección carismático y con una gran capacidad para motivar y alentar a la gente; que no perdía oportunidad de festejar un logro; que acompañaba codo a codo los esfuerzos de la gerencia y de los equipos; que visitaba con frecuencia las oficinas del proyecto. Finalmente, y en buena medida gracias a todo esto, el proyecto fue un éxito y se terminó en el tiempo y con el presupuesto establecidos. Aún después de muchos años, quienes participamos de la experiencia la recordamos con alegría.

La integración de los sectores obtiene un premio: la aprobación formal de los diseños

Hemos hecho referencia reiteradamente a la importancia del compromiso de todos los sectores participantes en el proyecto. Hemos explicado que es relevante para evitar problemas insolubles al momento de la implantación del cambio que forma parte del contenido del proyecto.

Cuando finalice el proyecto, el gerente tendrá una nueva asignación y en el futuro las áreas afectadas tendrán que trabajar con el nuevo diseño.

El gerente de proyecto debe lograr que se alcance el mejor diseño de la solución que sea posible, pero como ello depende en gran medida de su equipo, tiene que concentrarse en crear las condiciones óptimas. Una interesante posibilidad es integrar usuarios clave (*key users*) a los equipos de trabajo, o bien convocarlos a reuniones puntuales de validación de los diseños y decisiones que se van adoptando. Su conformidad explícita dará solidez al trabajo, sobre todo en actividades especialmente críticas, como el diseño del modelo conceptual durante la Definición del Proyecto, y en el diseño detallado de la construcción e implementación (etapa de especificación del diseño general bosquejado en la definición, en la que se ingresa luego de formular los planes de trabajo durante la construcción e implementación).

Para comprenderlo mejor, tomemos el caso de un proyecto de implantación de tecnología de la información (ERP, CRM, *supply chain management* o *e-business*).

En la definición seguramente se ha descrito globalmente cómo funcionaba el modelo operativo antes y cómo funcionaría después de implementado el proyecto.

En la etapa de diseño detallado, los equipos trabajarán en el análisis de brechas[2] y, en consecuencia, en la parametrización del software, en el desarrollo de los procesos, en la descripción de las actividades y controles respectivos, en la formulación de los puestos de trabajo[3] y en las competencias requeridas para formular el plan de capacitación previo a la implementación.

Por lo tanto, el diseño detallado deberá estar caracterizado por una fuerte integración de los usuarios clave.

Dos consejos: antes que los usuarios clave comiencen a intervenir, el gerente de proyecto debe comunicar con claridad que se elaborarán los documentos de diseño y que es-

---

2. *Fit/gap analysis.*
3. *Job description.*

tos deberán ser formalmente aprobados por ellos (cuando alguien sabe que deberá poner su firma en un documento, le dedicará la atención debida). En segundo término, se debe verificar que los recursos de los sectores identificados como usuarios clave han validado con sus respectivos jefes o directores de área el diseño y las decisiones que han adoptado. Hay que evitar la sorpresa de que algún responsable de área no esté de acuerdo con lo que su gente acordó.

Cambios en el entorno del proyecto

Es probable que durante la ejecución del proyecto se produzcan cambios en el entorno, que necesariamente deben ser considerados. Para que ello no constituya un problema, deben haberse establecido previamente los mecanismos que permitan enterarse en forma inmediata de cualquier modificación capaz de afectar al proyecto, por ejemplo, la aparición de necesidades no previstas de la organización.

Lo dicho es válido para la ejecución de todo tipo de proyecto.

El papel de la gerencia de proyecto en estos casos es presentar ante el comité de dirección una estimación del efecto posible de los cambios en el presupuesto o en el plazo del proyecto, y buscar alternativas[4] para evitar efectos negativos. El comité de dirección tomará la decisión de incorporar o no el cambio, y en caso afirmativo, establecerá la alternativa a seguir.

Muchas veces, dado lo avanzado del proyecto, se decide introducir sólo aquellos cambios estrictamente necesarios y dejar el resto para un proyecto posterior (que generalmente se denomina de Fase II).

---

4. *Workarounds.*

Contratación de recursos técnicos y humanos

Es muy probable que el proyecto requiera personal y tecnología no disponibles en la compañía. Cuando así sucede, el gerente de proyecto tiene que considerar algunos aspectos asociados con la contratación. Entre los más generales, se encuentran los que siguen.

- Incluir en las deliberaciones preliminares al área de Compras y Contrataciones para asegurarse de que no aparecerá ninguna necesidad no prevista.
- Tener presentes los procedimientos y tiempos corporativos para las contrataciones: la probable intervención del área legal puede generar retrasos que afecten los plazos del proyecto.
- Considerar los tiempos de provisión e instalación de la infraestructura necesaria. Esto es particularmente crítico cuando el proyecto implica la importación de hardware, o la construcción o equipamiento de locales (por ejemplo, de call centers).
- Precisar las necesidades todo lo posible, de modo de lograr que los proveedores minimicen los costos asociados al riesgo de contingencias.
- No prestar tanta atención al precio de la contratación como a los beneficios que implique para el proyecto. Muchas veces el costo de un problema es mucho mayor que el del requerimiento puntual.
- Tratar de incluir una cláusula de contrato sobre la base de resultados[5] para los casos en los cuales esto se pueda aplicar objetivamente y resulte muy beneficioso para el proyecto. Es un acuerdo del tipo ganar/ganar (*win/win*), en el cual una parte del beneficio obtenido por el proyecto por sobre el requerimiento mínimo le será reconocida al proveedor.

---

5. *Performance based contract.*

– En la contratación de recursos externos, considerar los siguientes atributos:

• experiencia y trayectoria;
• alineación del enfoque de trabajo con los requerimientos del proyecto;
• referencias comprobables.

Dada la importancia que está asumiendo la tecnología en todos los temas, es frecuente que un proyecto incluya la incorporación de algún software. En estos casos, el paso previo a la incorporación es realizar lo que habitualmente se denomina evaluación de paquetes de software.

Para ello se debe tener en cuenta la siguiente lista de control[6].

– ¿Están participando de la selección los usuarios clave del proyecto, y el área de Tecnología y Sistemas de la compañía?
– ¿Se ha efectuado un análisis completo de funcionalidad y de integración con otros productos del mercado?
– ¿La plataforma tecnológica del producto es coherente con los parámetros corporativos?
– ¿El constructor del producto tiene presencia en el país o en la región? ¿La forma es directa, o a través de alianzas con terceros?
– ¿Con qué políticas de soporte y mantenimiento cuenta el producto?
– ¿Cuál es la trayectoria empresaria del fabricante del producto y cuál es la solidez de sus indicadores financieros?
– Dado el prestigio del producto, si la empresa tuviese problemas ¿es posible que sea adquirida por otra?

---

6. *Check-list.*

- ¿Cuántas instalaciones del producto se realizaron en el mundo, en la región y en el país?
- ¿Qué visitas a las oficinas de otras compañías están previstas para ver el resultado de las instalaciones?
- ¿Existen en el mercado recursos humanos con conocimientos respecto del producto?
- ¿El costo de las licencias del producto y de su actualización es compatible con el *business case* estimado?

El análisis comparativo de los resultados de las preguntas precedentes es un buen comienzo para trabajar en la decisión final.

Algunas mejores prácticas *(best practices)* para aplicar en la ejecución del proyecto

Las siguientes son algunas recomendaciones que contribuirán a la ejecución del proyecto. Aplicarlas redundará en beneficio de los resultados.

Capacitar. Se considera imprescindible para la productividad de los equipos, que al inicio de un proyecto se les brinde una capacitación de nivelación en los aspectos técnicos respectivos. Es ideal complementarla con talleres sobre tres temas fundamentales en los que no siempre la gente es experta: manejo de reuniones eficaces, técnicas de negociación y trabajo en equipo.

Dado que los equipos celebrarán muchas reuniones, deben ser capaces de responder a preguntas tales como:

- ¿Es necesaria esta reunión?
- ¿Está claro su objetivo?
- ¿Se han determinado las personas adecuadas y el tiempo necesario para su realización?
- ¿Cómo conseguir que se cumplan los tiempos estipulados de inicio y finalización?

- ¿Cómo mantener la atención en los objetivos de la reunión?
- ¿Cómo lograr que se cumplan los acuerdos a los que se ha arribado?

Las técnicas de negociación resultan importantes fundamentalmente en la etapa de diseño y acuerdo entre los equipos técnicos y los usuarios clave. Muchas veces la adopción de posturas personales va más allá del análisis objetivo de las ventajas y desventajas, y esto afecta la productividad del proyecto y lleva a la gerencia de proyecto a perder el tiempo en resolver aquello que los equipos no han podido acordar en forma autónoma.

Ya nos hemos referido a la necesidad de fomentar la interacción de las personas. Pero existe otro aspecto más instrumental del trabajo en equipo, relacionado con los acuerdos acerca de la forma de operar y los criterios a aplicar, que también requiere capacitación. Existen proyectos en los que trabajan muchas personas, agrupadas en distintos equipos, pero todos abocados a obtener un solo resultado. Definir claramente al inicio de cada etapa el modelo a utilizar para la documentación de los trabajos (entendimiento, revisión y corrección entre los distintos equipos) contribuirá a la productividad del conjunto y a que quienes están fuera del proyecto perciban calidad al revisar dichos documentos.

Esta acción no sólo se refiere al *lay-out* de los distintos documentos, sino a incorporar en todos ellos los elementos identificatorios del proyecto (nombre, logo, equipo).

Otorgar poder[7] a los líderes de equipo. Esta es una actitud que la gerencia de proyecto debe fomentar desde el comienzo.

La multiplicidad de los temas que van apareciendo a medida que avanza el proyecto es tan grande, que si la gerencia no tiene la colaboración de líderes de equipo capa-

---

7. *Empowerment.*

ces de dar adecuada respuesta a los requerimientos particulares, quedará totalmente rebasada y esto afectará la marcha del trabajo.

Asimismo, al aproximarse el momento de la implementación, el gerente necesita tener al frente de cada equipo verdaderos pilares en que apoyarse, ya que le será imposible (sobre todo en desafíos complejos) abarcar el manejo de todos los aspectos.

Incorporar el área de Auditoría o de Riesgos a las reuniones de coordinadores o jefes de equipos. Se debe prever que en la implementación de la mayoría de los proyectos se requiere la aprobación del sector de Auditoría. Su participación en las reuniones semanales de coordinadores (que hemos explicado antes) asegura que el sector esté al tanto de la evolución y las definiciones del proyecto y que, en el caso de que tenga alguna objeción, ésta pueda ser superada a tiempo.

Organizar almuerzos de la gerencia de proyecto con sus pares de línea: una buena forma de contribuir. La actividad del gerente de proyecto es muy demandante y sentirá que las 24 horas del día no le alcanzan para trabajar en los distintos temas. Sin embargo, lo peor que le puede pasar es vivir el microclima del proyecto y empezar a aislarse de los otros temas de la empresa. Una buena forma de evitarlo es mantener almuerzos periódicos con pares, donde se evalúen las percepciones del proyecto y los hechos que van ocurriendo en la empresa que pueden afectarlo de algún modo. Seguramente estos almuerzos brindarán información que se convertirá en acciones concretas para el proyecto.

Asegurarse la máxima comunicación. Es importante en proyectos que cuentan con muchos recursos humanos. Se deben implementar mecanismos que aseguren que cada uno y todos estén informados, con lo que se minimizarán las oportunidades de conflicto y se incrementará la productividad.

Utilizar las paredes. Organigramas, planes detallados y diseños críticos deben formar parte del decorado del espacio destinado a elaborar el proyecto, así como frases emblemáticas y un cartel con la cuenta regresiva del plazo total. Todo contribuye a un mismo objetivo: obtener una visión compartida y la concentración de la gente que integra los equipos de proyecto.

Considerar el uso de merchandising si el proyecto es de gran magnitud. Existen proyectos que incluyen a mucha gente de la compañía (he participado en algunos que afectaban el trabajo de más de 800 personas). En estos casos, entregar bolígrafos, camisetas u otros objetos con el logo del proyecto es una iniciativa muy bien recibida por la gente de los distintos sectores, y que también contribuye a su buena predisposición.

El momento adecuado para su distribución es el inicio de la capacitación en el nuevo modelo. La incidencia en el presupuesto del proyecto es ínfima en relación al resultado positivo que genera.

Métodos de implementación

La implementación de un proyecto requiere la realización de tareas tendientes a establecer en cada caso el mejor método a seguir. En tal sentido, habitualmente se trabaja en un documento específico que describe distintos métodos y las ventajas/desventajas asociadas con adoptar uno u otro.

Esta decisión, dado el mix de componentes técnicos y políticos existente, requiere un trabajo muy estrecho entre los equipos de trabajo y el comité de dirección, que es el que finalmente hará la elección, aunque apoyándose en las conclusiones del referido documento.

Vamos a describir dos métodos de implementación. No son los únicos, pero sí lo suficientemente generales como para adecuarlos a casos específicos.

El primer método es el denominado *big-bang*. Como su nombre lo señala, consiste básicamente en implementar el proyecto en un único momento. Por ejemplo, si se tratara de modificar los procesos, la tecnología y la arquitectura organizativa, una implementación big-bang significaría que un viernes se termina trabajando con el viejo modelo y el lunes se amanece trabajando con el nuevo.

El segundo método es el denominado *piloto*. Consiste en trabajar primero con un universo reducido para luego, si los resultados son satisfactorios, propagar el plan al resto de la organización. Por ejemplo, si estuviéramos llevando adelante un proyecto de *e-business* con clientes, un piloto incluiría sólo a algunos clientes preseleccionados que interactuarían con el sistema durante cierto tiempo. Si los resultados fueran buenos, se extendería a todos los clientes.

En general, la ventaja de un método es la desventaja del otro. Si bien el piloto entraña menores riesgos, debido a que implica el mantenimiento transitorio de los dos modelos, el que se reemplaza y el nuevo, requiere un esfuerzo de convivencia. La situación es inversa con el big-bang.

La adopción de uno u otro, o de alguna variante, está en función de las características particulares de cada proyecto.

Finalización del proyecto

El proyecto no termina con la implantación, sino con el óptimo funcionamiento del nuevo modelo.

Este es un tema particularmente importante para el gerente de proyecto y para el proyecto en sí. Independientemente de lo exitosa que haya sido la implementación, siempre existirán temas que requieren ajuste.

Si se ha logrado trabajar profesionalmente en la definición y en la construcción e implementación, no hay razón para no mantener ese nivel en la etapa llamada proceso de traspaso[8], que se produce cuando el proyecto finaliza y las gerencias de línea toman el control total de la operación. (Hasta ese momento se sigue brindando soporte post-implantación a todos los participantes.)

En el ciclo de vida de un proyecto registramos una última actividad que identificamos como *tunning*: es cuando se introducen los ajustes post-implementación del nuevo modelo para optimizar su funcionamiento.

La metodología y el cronograma de construcción e implementación deben prever esta etapa, y el presupuesto considerará los costos que implique.

De este modo, el proyecto se asegura un traspaso ordenado, claro y sin reparos de las gerencias de línea.

El proceso requiere una última reunión formal con la participación del comité de dirección, la gerencia de proyecto y las gerencias responsables de los sectores donde se ha implementado el cambio.

Cierre

Los factores que determinan el éxito de un proyecto.
La percepción *del nivel de cumplimiento de:*

- los objetivos,
- el plazo y
- el presupuesto

Las causas frecuentes de problemas en un proyecto

- No integrar en el proyecto a todos los actores
- Falta de adecuada especificación del alcance
- Inadecuada asignación de recursos al proyecto
- Falta de anticipación de la gerencia de proyecto
- Planificación y control deficientes

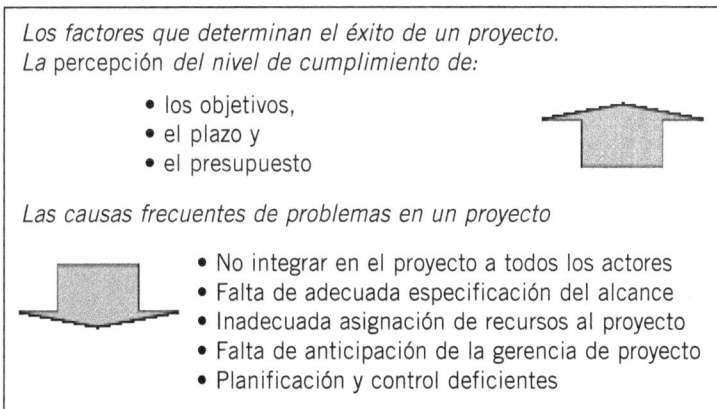

Gráfico III. Factores de éxito y causales de problemas frecuentes de un proyecto.

---

8. *Handover.*

Es conveniente que el gerente de proyecto tenga este cuadro a la vista durante la realización del proyecto. Le va a recordar temas que deben estar permanentemente en su agenda.

No nos vamos a extender en la explicación del contenido del cuadro precedente. Pero quizá llame la atención la palabra *percepción*. Se debe a que no sólo es necesario cumplir los tres puntos señalados, sino que también así debe ser *percibido* por todos los interesados.

Esto tiene que ver con el tema del capítulo siguiente: *cómo gestionar el cambio.*

CAPÍTULO V

GESTIÓN DEL CAMBIO, O *CHANGE MANAGEMENT*

Tema del capítulo:
La gestión del lado humano del cambio

"MUCHOS LA PROCLAMAN, pero pocos la aplican (aunque cada vez son más)."

"Quienes más lo valoran son los que la aplicaron en un proyecto, o aquellos que no la aplicaron y han capitalizado esto como lección aprendida (en caso de volver a gerenciar un proyecto, no dejarían de incluir la gestión del cambio)."

"Cuando están haciendo el presupuesto del proyecto, a algunos gerentes les cuesta justificar las cifras afectadas a este tema."

"Se suele confundir la gestión del cambio con la tarea política de la gerencia de proyecto y con un plan de capacitación que debe elaborar el área de RRHH."

"Aparece para algunos como un concepto *soft* (blando), a pesar de que es absolutamente crítico para el cumplimiento de algo *hard* (duro), como lo es la justificación económica del proyecto."

Es habitual oír afirmaciones sobre gestión del cambio como estas. La recopilación demuestra que existen opiniones divergentes acerca del significado del concepto, y sus instrumentos y beneficios.

Concepto de gestión del cambio

Abordaremos aquí la definición de gestión del cambio no en relación con su acepción genérica, sino restringida al marco de los proyectos, es decir, lo que algunos autores llaman con mayor precisión "gestión del cambio del proyecto" (*Project change management*[1]).

En consecuencia, siguiendo nuestro enfoque presentamos el siguiente gráfico.

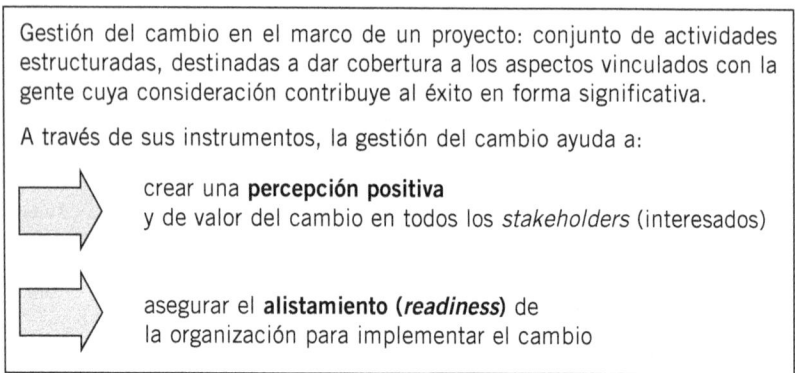

Gestión del cambio en el marco de un proyecto: conjunto de actividades estructuradas, destinadas a dar cobertura a los aspectos vinculados con la gente cuya consideración contribuye al éxito en forma significativa.

A través de sus instrumentos, la gestión del cambio ayuda a:

crear una **percepción positiva**
y de valor del cambio en todos los *stakeholders* (interesados)

asegurar el **alistamiento (*readiness*)** de
la organización para implementar el cambio

Gráfico I. Concepto de Gestión del Cambio en proyectos.

Vamos a ampliar la descripción precedente. Con el término "estructuradas" queremos señalar que las actividades de gestión del cambio, como cualquier otra del proyecto, requieren un equipo, un plan de trabajo detallado y un conocimiento específico para utilizar sus instrumentos básicos.

Al decir que su "consideración contribuye en forma significativa al éxito del proyecto" nos estamos refiriendo concretamente a que su objetivo es ayudar al cumplimiento de las expectativas, plazos y presupuestos de los proyectos.

Los proyectos muchas veces fracasan o tienen problemas porque el cambio no se gestiona adecuadamente. Por

---

1. Harrington, H. James; Conner, Daryl y Horney, Nicholas L.: *Project Change Management - Applyng Change Management to Improvement Projects* (Gestión del cambio del proyecto - Aplicación de la gestión del cambio a proyectos de mejora), McGraw-Hill, New York, 2000.

eso, las actividades de gestión del cambio en un proyecto deben ser consideradas como un deber (*must*) y no simplemente como algo que es bueno tener (*nice to have*).

Los instrumentos fundamentales de la gestión del cambio en un proyecto son el *Plan de comunicación* y el *Plan de desempeño de la gente.*

El primero está orientado a crear en los distintos interesados una percepción positiva y de valor del proyecto. Su diseño y ejecución permiten dar respuestas a las siguientes interrogantes:

- ¿Cómo evitar que la gente rechace el cambio y se resista a él?
- ¿Cómo lograr que la gente apoye y se comprometa con el cambio?
- ¿Cómo lograr que las poblaciones afectadas evolucionen positivamente respecto de su opinión y postura frente al cambio?

El Plan de desempeño, por su parte, tiene como objetivo asegurar el alistamiento de la organización para implementar el cambio. Esto es: que el cambio no provoque una situación disruptiva en la operación de la compañía y que, por el contrario, contribuya a que la gente tenga una buena performance en el uso del nuevo modelo.

Más adelante se presentarán esquemas que describen las tareas y los productos asociados a ambos planes, en sus etapas de diseño y ejecución. Estas tareas y productos no pueden ser subestimados de manera que se simplifique la problemática, con pensamientos como: "La gerencia de proyecto se encarga de comunicar, y le pedimos al área de RRHH que nos dé una manito con el tema de la preparación de la organización y de la gente...". La escasa profesionalidad de esta postura se evidencia en las consecuencias negativas que tiene para el proyecto. Surge de no tener en claro la importancia de la gente en el proceso de cambio, y es la razón por la que aparecen algunas de las afirmaciones que presentamos al comienzo del capítulo.

Como hemos señalado, el proyecto debe contar con un equipo de gestión del cambio, responsable de llevar adelante una tarea tan significativa como es dar cobertura al lado humano del cambio, y concentrado en lograr que su tarea alcance los resultados esperados. Ello contribuirá en buena medida al éxito del proyecto.

El siguiente cuadro permite visualizar lo expuesto hasta aquí.

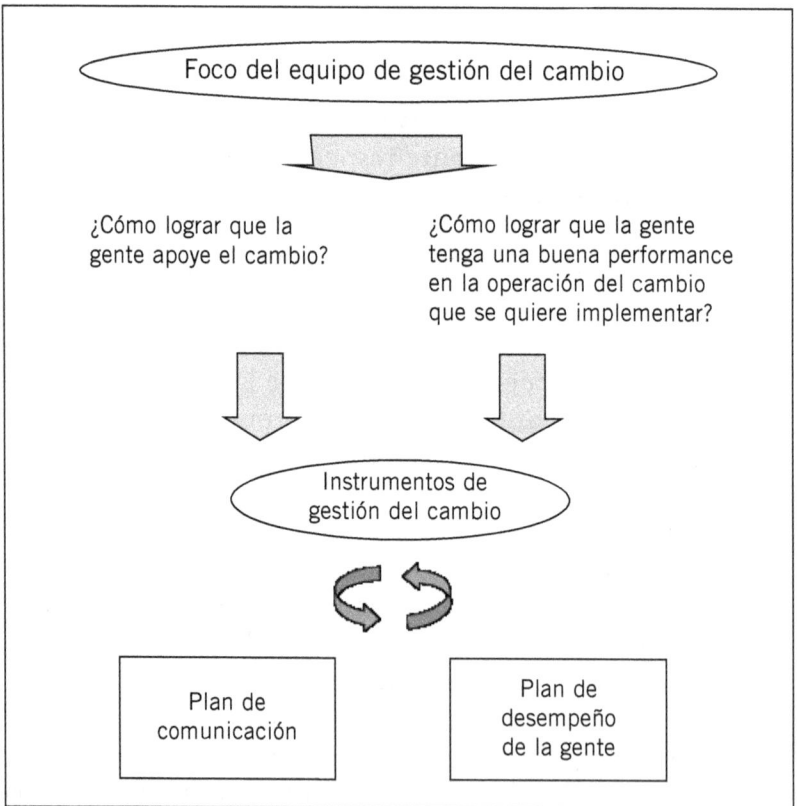

Gráfico II. La Gestión del Cambio y sus instrumentos.

Adhesión al proyecto de cambio y su credibilidad

En el trabajo "Leading Change: Why Transformation Efforts Fail"[2] (Liderando el cambio: por qué fallan los esfuerzos de transformación), John P. Kother, referente internacional reconocido en temas de cambio, explica los errores más frecuentes que se producen en los distintos proyectos de cambio. Siguiendo a Kother vemos que estos errores no están ligados a aspectos técnicos, sino fundamentalmente a la gestión con la gente.

Subestimar la importancia que tiene el hecho de que toda la empresa entienda la razón del cambio y se comprometa con el nuevo rumbo tiene serias consecuencias.

Lo que hay que tener presente es que, en definitiva, quienes van a trabajar con el nuevo modelo no son los que están elaborando el proyecto, sino los miembros de la organización.

Todo proyecto genera cambios. Y todo cambio produce reacciones. Estas últimas están asociadas al nivel de *adhesión* que el proceso sea capaz de obtener y a su *credibilidad*. Cuanto mayores sean la adhesión y la credibilidad, menos conflictos desatará el proyecto.

Ambas cosas pueden lograrse a través de dos instrumentos ya mencionados: el Plan de comunicación y el Plan de desempeño, a los que volveremos más adelante.

Por ahora, exploremos cómo se puede evaluar la forma en que es percibido el proyecto por los interesados directos y el resto de la compañía. En principio, es necesario observar cuántas personas adoptan una postura favorable, y cuántas una opuesta.

La gestión del cambio debe ayudar a que, en el transcurso del proyecto, las personas evolucionen hacia las posturas más positivas y que aun aquellos que más pueden per-

---

2. *Harvard Business Review*, marzo-abril de 1995.

der con la puesta en marcha del proyecto lleguen a comprender las razones que lo imponen.

Para apreciar esta evolución, es necesario definir *cuándo* efectuar las mediciones y *cómo* hacerlo.

Con respecto al primer punto, lo habitual es hacer una medición al inicio del proyecto, cuando se han producido las primeras acciones de comunicación, y luego realizar un muestreo periódico. La distancia ideal entre mediciones depende de la naturaleza del cambio y de la gente a la que alcancen sus efectos.

Para concretarlas se puede recurrir, entre otras, a las siguientes técnicas (en forma complementaria):

- realizar una serie de talleres con grupos representativos de las poblaciones, cuya agenda de ejecución permita identificar la postura de la gente; y
- crear una aplicación en intranet que, mediante cuestionarios, permita conocer las variaciones de opinión (esta última tiene la limitación de la falta de interacción personal).

La medición es el aspecto más subjetivo del plan de trabajo de gestión del cambio; por eso, con frecuencia el nivel de compromiso se determina en función de la percepción que la gerencia del proyecto y sus sponsors obtienen de su propia relación con la gente.

Plan de comunicación

El plan de comunicación se orienta a guiar las expectativas de los distintos interesados (*stakeholders*). Es uno de los medios a través de los cuales se ejerce el liderazgo del proceso de cambio, y da a los sponsors y otros ejecutivos la posibilidad de transmitir:

– el porqué del cambio,
– en qué consiste,
– en qué beneficiará a la organización, y
– qué efecto tendrá en la gente.

Comunicar a todos los que deben recibir comunicación, con los mensajes adecuados, a través de los canales adecuados, en el momento adecuado, y por la persona adecuada, contribuye fuertemente a que *la gente se informe, entienda, participe y, finalmente, se comprometa con el cambio.*
Estas palabras representan los distintos niveles de vínculo entre la gente y el cambio. De la información a la comprensión hay un trecho, y otro más largo aún de la participación al compromiso. (En una cacería, el cazador participa, pero la presa está comprometida...)
Comprometerse significa hacer propio el proyecto de cambio. La comunicación tiene que contribuir a evitar confusiones, interpretaciones erróneas y resistencias al proyecto y al cambio.
Aun en el caso de que una empresa deba perjudicar al personal –por ejemplo para optimizar los costos por razones de mercado–, la experiencia demuestra que *comunicar* da mucho mejores resultados en el comportamiento de la gente que la *ausencia de comunicación.*
El cuadro de la página siguiente describe las principales tareas y los productos que se obtienen con ellas en la secuencia de diseño y ejecución del plan de comunicación del proyecto.

Tareas	Productos
Efectuar **análisis** *contextual*	• Identificación de las ideas-fuerza para el diseño de la estrategia de comunicación
Diseñar el **plan de** *comunicación*	• **Plan de comunicación** (audiencias objetivo*, mensajes, canales, comunicadores, actividades y cronogramas, medios de monitoreo)
Respaldar la ejecución *del plan de comunicación*	• **Material de comunicación** (armado de presentaciones y otros) • **Asistencia a los comunicadores y coordinación de la ejecución de actividades**
Ajustar el diseño *según los resultados de la medición*	• **Análisis de la efectividad de la comunicación** (evaluación cuantitativa de la evolución de las poblaciones a favor y en contra del cambio) • **Ajustes al plan de comunicación**
Capitalizar *el conocimiento*	• **Informes que aporten valor a futuros proyectos en la organización**

* *Target.*

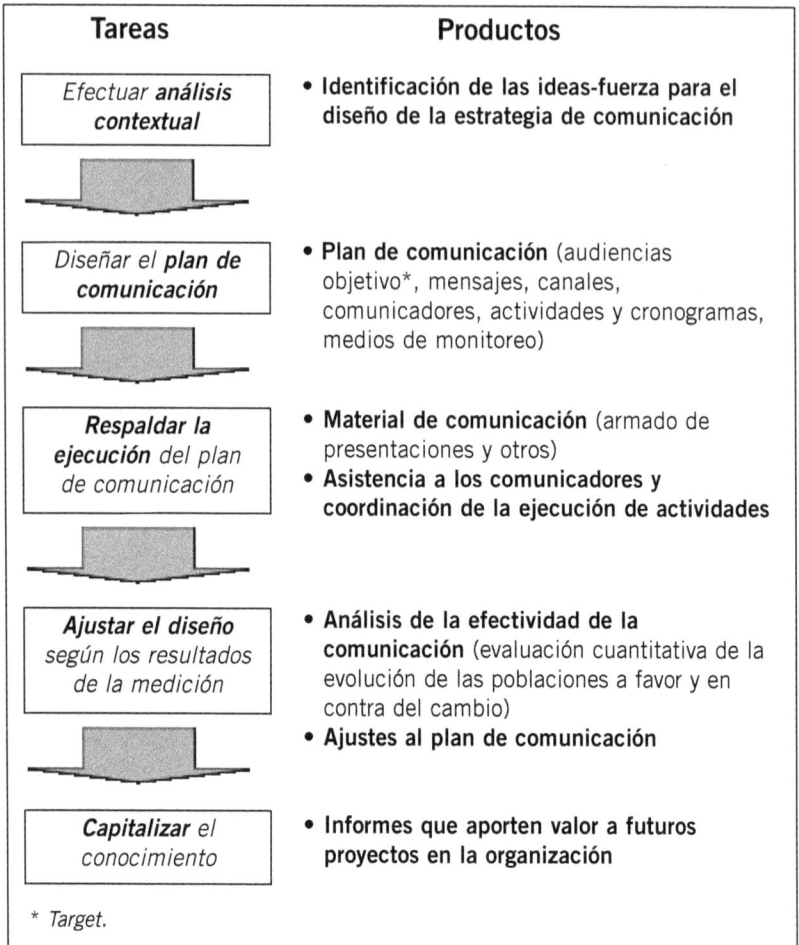

Gráfico III. Gestión del cambio - Plan de comunicación.

Veamos ahora los contenidos de la comunicación y su vinculación con la adhesión y la credibilidad.

Todo proyecto de cambio, independientemente de su magnitud,

– tiene *una razón* (sentido de urgencia);
– propone *una solución* (visión);

– presume *un resultado* (propuesta de valor);
– se realiza *en el contexto de una empresa y un entorno*, y
– está precedido por *la historia de proyectos anteriores.*

Estos son algunos de los elementos que tienen que ser considerados para establecer el contenido de la comunicación. Si se presentan con lógica, claridad y transparencia, van a contribuir a una mayor adhesión. Como dijimos, la experiencia indica que es mejor una verdad dura que la inconsistencia del doble mensaje o la falta de comunicación. Esto es así porque, cuando los proyectos se relacionan con la gente, se comprometen los valores de la empresa con todos sus integrantes.

La confianza en el cambio está muy ligada a la persona que lo comunique. Recuerdo una experiencia en la que se recurrió a *líderes informales* para dar credibilidad al cambio. Funcionó. Esto significa que la comunicación no es exclusividad de los sponsors o de la gerencia de proyecto, sino que cada caso tiene sus comunicadores ideales.

Por último, en el diseño del plan de comunicación se debe recordar que este habrá de acompañar el proceso de maduración, que abarca las etapas de información, comprensión, participación y compromiso.

Plan de desempeño

El plan de desempeño de la gente se vincula con el desarrollo de las estrategias y los instrumentos para la reconversión requeridos por el proyecto, tanto en cuanto a los puestos de trabajo como a las personas que los ocupan.

Esta reconversión debe asegurar la adecuada performance de la gente con el nuevo modelo a implementar.

El plan de desempeño diseña y ejecuta, con técnicas y herramientas específicas aplicables a cada proyecto, las actividades que puedan contribuir a obtener el objetivo señalado.

En ese sentido, la performance de la gente está asociada a tres conceptos sobre los que el proyecto debe actuar en forma concurrente y convergente:

- el conocimiento del trabajo,
- la motivación o la voluntad de realizarlo, y
- la disponibilidad de la infraestructura necesaria.

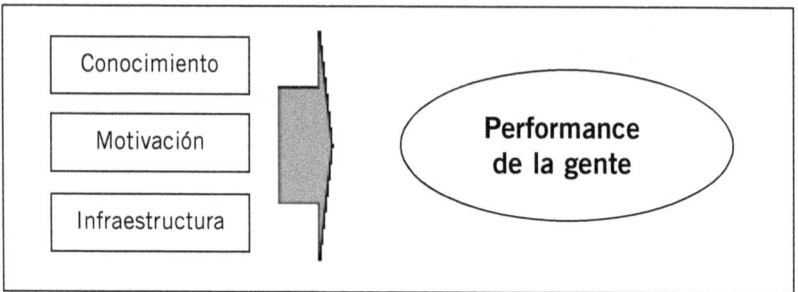

Gráfico IV.

La gente debe saber cómo realizar su trabajo. Para ello ha de tener el conocimiento y las habilidades requeridas.

El proyecto debe desarrollar, entonces, los mecanismos para que la gente adquiera dichas competencias.

Estos mecanismos pueden ser tan simples como la tradicional capacitación presencial, o recurrir a instrumentos más complejos como los WBT (*Web Based Training*) o simuladores basados en tecnología.

La motivación o la voluntad está asociada con el compromiso. Como hemos visto, la adhesión al cambio y la confianza en él producen estos resultados, y el plan de comunicación es el instrumento para lograrlo.

Finalmente, la disponibilidad de la infraestructura tiene que ver con la requerida por cada puesto de trabajo, el cual incluye tanto elementos físicos como virtuales. Si una empresa busca que todo punto de contacto con el cliente sea aprovechado como una oportunidad de venta, entonces un operador de *call-center* que recibe consultas debe disponer de un software que lo oriente en la interacción.

El gráfico V presenta las principales tareas y los productos que se obtienen a partir de ellas, en la secuencia de diseño y ejecución del plan de desempeño de la gente en el proyecto.

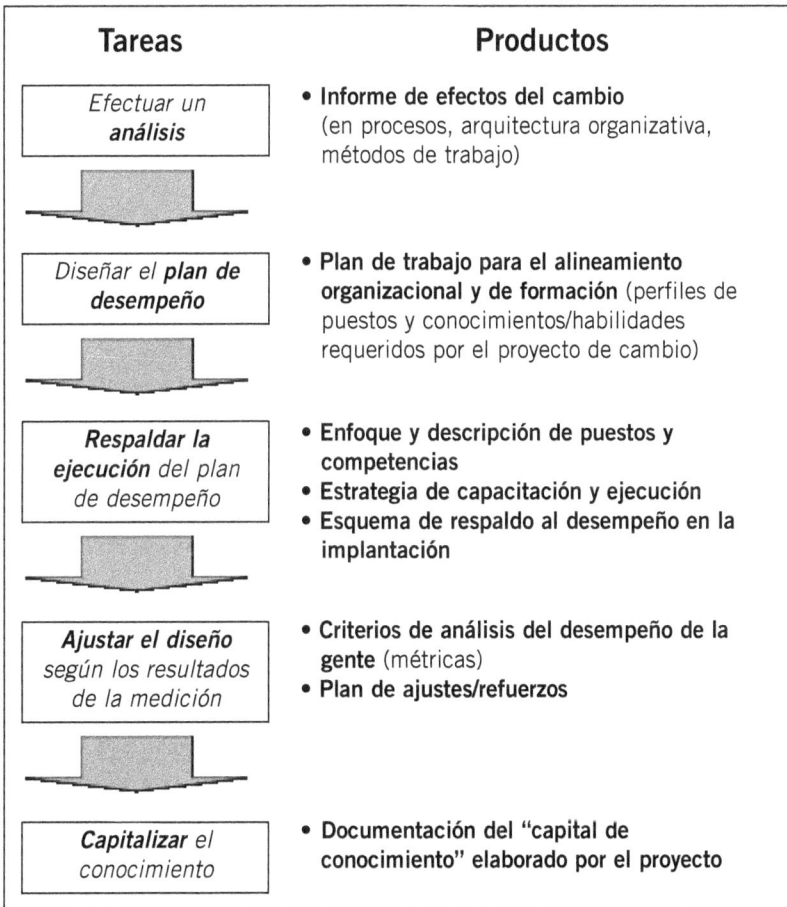

Tareas	Productos
Efectuar un análisis	• **Informe de efectos del cambio** (en procesos, arquitectura organizativa, métodos de trabajo)
Diseñar el **plan de desempeño**	• **Plan de trabajo para el alineamiento organizacional y de formación** (perfiles de puestos y conocimientos/habilidades requeridos por el proyecto de cambio)
Respaldar la *ejecución* del plan de desempeño	• **Enfoque y descripción de puestos y competencias** • **Estrategia de capacitación y ejecución** • **Esquema de respaldo al desempeño en la implantación**
Ajustar el diseño según los resultados de la medición	• **Criterios de análisis del desempeño de la gente** (métricas) • **Plan de ajustes/refuerzos**
Capitalizar el conocimiento	• **Documentación del "capital de conocimiento" elaborado por el proyecto**

Gráfico V. Gestión del cambio - Plan de desempeño de la gente.

La migración organizacional se produce con distintos niveles de complejidad según el proyecto de que se trate. Sin embargo, hay un aspecto en común, que es trabajar en las tareas y obtener los productos que se desprenden del esquema precedente.

Para pasar de un modelo a otro hace falta que la gente esté preparada. Por ello el Plan de desempeño da respuesta a las siguientes preguntas:

- ¿Cómo se modificará el trabajo?
- ¿Cómo se modificarán los puestos?
- ¿Qué recursos humanos se afectarán a los nuevos puestos?
- ¿Es necesario que se produzcan traslados?
- ¿Qué entrenamiento y capacitación requerirán las personas?
- ¿Qué métodos se utilizarán para la capacitación?
- ¿Cómo se desafectará a las personas de sus tareas diarias para formarlas de acuerdo con el nuevo modelo?
- ¿Cómo se van a manejar las situaciones especiales en la transición del viejo modelo al nuevo?
- ¿Qué consecuencias adicionales relativas a la gente puede generar el cambio (plan de carrera, compensaciones, etc.)?
- ¿Cómo se va a medir la productividad en el nuevo modelo?
- ¿Qué aspectos integrarán el tablero de preparación de la gente?
- ¿Qué esquema de apoyo y soporte se prevé en el lanzamiento?

Así como habíamos hecho referencia a la medición de la evolución del compromiso con el cambio, nos vamos a referir ahora a la medición de la performance.

La performance de la gente en los procesos de cambios sigue, en general, la siguiente línea:

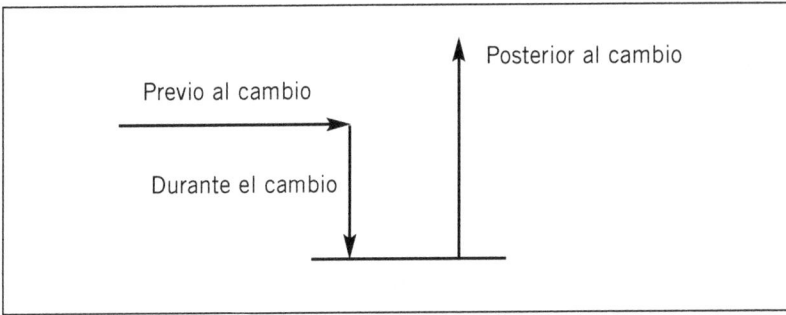

Gráfico VI.

Como se ve, se parte de los niveles de performance con los que trabaja la compañía sobre la base del modelo anterior.

La implementación del nuevo modelo genera un pico de caída que con el tiempo se va recuperando, para luego alcanzar los avances debidos al nuevo modelo implementado.

El desafío del plan de desempeño de la gente es evitar la caída de la performance en el inicio de la implementación del nuevo modelo, de modo de no afectar la operatoria de la compañía, y reducir los plazos en que se alcanzan los resultados esperados en relación al proyecto de cambio.

La siguiente línea modificada permite visualizar los resultados de un adecuado plan de desempeño.

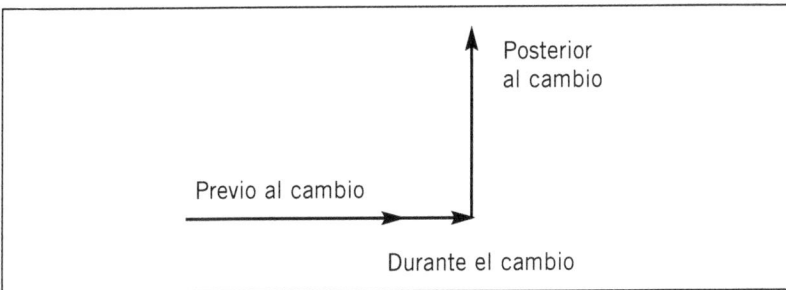

Gráfico VII.

En este nuevo gráfico se aprecia que la línea de caída es prácticamente inexistente, mientras que el proceso de incremento de la performance se inicia antes y alcanza resultados más importantes en períodos más reducidos.

La obtención de los indicadores que permiten presentar las líneas de performance puede ser muy simple si la compañía dispone, en el momento del proyecto, de una tabla de parámetros de desempeño de las áreas en las que el cambio habrá de influir.

Si este no fuese el caso, entonces el proyecto deberá elegir entre:

- desarrollar un tablero de indicadores y efectuar las mediciones previas a la implementación del proyecto, o
- no disponer de la objetividad de la línea de performance y, nuevamente, basarse en la percepción de la interacción con la gente, para determinar los resultados una vez implementado el nuevo modelo.

Cierre

Como hemos visto, en un proceso de cambio no nos debemos olvidar de la gente.

Una sugerencia: incorporar el equipo de gestión del cambio desde el inicio del proyecto.

CAPÍTULO VI

LIDERANDO UN PROYECTO

Tema del capítulo:
La gerencia de proyecto.

HEMOS RECORRIDO JUNTOS, a través de los capítulos anteriores, los diversos pasos que conforman la evolución de un proyecto. Este es el momento adecuado para sacar conclusiones que nos permitan responder a las siguientes preguntas:

- ¿Por qué son distintos el trabajo de gerente de línea y el de gerente de proyecto?
- ¿Qué competencias debe tener un gerente de proyecto?
- ¿Qué significa tener una actitud de CEO en el proyecto?

Diferencias entre el trabajo en la línea y en el proyecto

Un gerente de línea que no ha tenido previamente una experiencia como gerente de proyecto puede tener dificultad en esta última función, como consecuencia de no interpretar o visualizar que la naturaleza del trabajo en un proyecto es distinta de la del trabajo en la línea.

Seguir los patrones del rol de gerente de línea para conducir un proyecto es una fuente de errores que puede ser evitada.

A tal efecto vamos a hacer un recorrido de los principales aspectos que diferencian ambos cargos.

Objetivos. Los objetivos de una gerencia de línea de cualquier unidad organizativa responden a la estrategia corporativa y se procuran utilizando el presupuesto asignado al área.

Los objetivos de una gerencia de proyecto están ligados a lograr que el proyecto alcance los resultados esperados, en el plazo y con los costos de ejecución que oportunamente se acordaron.

Foco. El interés principal de la gerencia de línea es lograr en las tareas específicas a su cargo un nivel de desempeño coherente con la cadena de valor de la compañía.

Para la gerencia de proyecto, el interés es obtener éxito en la implementación del cambio de un modelo actual (*as is*) a un nuevo modelo (*to be*).

Organización. En la línea, por lo general las tareas se agrupan funcionalmente, esto es, estructurando sectores cuyos integrantes realizan actividades de naturaleza y finalidades homogéneas. En sectores con mucha gente, esta organización puede ser reemplazada por células de trabajo con mayor autonomía y con mayor flexibilidad para atender los requerimientos de clientes externos o internos.

En los proyectos, la organización se caracteriza por ser interdisciplinaria y adaptativa. Interdisciplinaria, porque los recursos humanos que intervienen tienen competencias absolutamente diversas (las necesarias para ejecutar el proyecto). Adaptativa, porque se va adecuando a las distintas etapas del ciclo de vida del proyecto.

Recursos humanos. En la línea, las personas son parte de un mismo sector y responden en forma permanente a la autoridad de la gerencia de línea.

En un proyecto, provienen de distintos sectores de la compañía, y muchas veces se les suman recursos externos específicamente contratados para la ocasión. Su asignación es transitoria, ya que tiene vigencia sólo durante la elaboración del proyecto.

Roles/tareas. Los roles y tareas que desempeña la gente que responde a un gerente de línea en un área determinada son las habituales del cargo de cada persona.

En un proyecto, las tareas dependen de los requerimientos de la metodología establecida para cada una de las etapas.

Tiempo. En la línea, las actividades son continuas y deben ejecutarse dentro de los parámetros de funcionamiento del sector o área respectiva.

En un proyecto, las tareas y las actividades siempre tienen una fecha última de ejecución (*due date*) para no alterar los plazos comprometidos.

Exposición. La gerencia de línea está expuesta, en general, a la evaluación de su jefe directo.

En un proyecto, el nivel de exposición es mayor, debido a que su ejecución se realiza bajo la supervisión de un comité de dirección que suele estar integrado por varios sponsors, ya que el proyecto puede influir en distintas áreas de la compañía.

Origen de la autoridad. El origen de la autoridad en la línea está reflejado en el organigrama de la empresa.

En un proyecto, por implicar una organización ad hoc, el origen de la autoridad del gerente proviene de los sponsors.

El gráfico I resume las diferencias expuestas.

Diferencias entre el trabajo en la gerencia de línea y en la gerencia de proyecto		
	La naturaleza del trabajo en la línea	La naturaleza del trabajo en el proyecto
Objetivos	Planes corporativos, del área y de presupuesto	Nuevo modelo, plazos y costos
Foco	Cadena de valor	Cambio (de *as is* a *to be*)
Organización	Funcional/Células	Interdisciplinaria/Adaptativa
Recursos	Pirámide línea de mando de la compañia	Distintas áreas y participación de terceros
Funciones/ tareas	Habituales	Metodología del proyecto
Tiempo	Continuo	Fecha última de ejecución
Exposición	Jefe de área/ Jefe funcional	Management de la compañía
Origen de la autoridad	Estructura organizacional	Comité de dirección (sponsor)

Gráfico I.

Competencias de un gerente de proyecto

Como hemos visto, un gerente de proyecto se ve obligado a operar en distintos frentes de acción, para lo cual debe poseer múltiples capacidades o competencias.

Vamos a hacer un recorrido de todas ellas, que fueron evidenciándose a medida que explicábamos la actividad del gerente en el ciclo de vida de un proyecto.

– La capacidad de *integrador* del gerente de proyecto se manifiesta cuando logra coordinar la planificación y ejecución de las tareas de los equipos del proyecto con la participación de los distintos sectores de la compañía. Esto lo realiza a lo largo de las distintas etapas con una visión global que evita que el trabajo se aparte de su foco.

– La capacidad de *gestionar el alcance* se evidencia cuando logra claridad entre los distintos interesados respecto de qué incluye y qué no incluye la solución propuesta, y cuando logra consenso respecto de la conveniencia en términos de costo/beneficio de la elección adoptada.

– La capacidad de *gestionar recursos humanos* se revela en la selección de miembros, en cómo logra minimizar el conflicto y convertir un grupo de personas en un equipo de trabajo sólido, cohesionado y con una visión compartida.

– La capacidad de *comunicación* se manifiesta en el buen manejo de las expectativas de los distintos interesados.

– La capacidad de *negociación* se evidencia cuando crea las condiciones para lograr un equilibrio óptimo y un acuerdo satisfactorio entre los requerimientos de los sectores afectados por el proyecto y la solución propuesta por los equipos de trabajo.

– La capacidad de *gestionar costos* se vincula con el cumplimiento de las partidas presupuestarias asignadas al proyecto y la optimización consecuente de su uso.

– La capacidad de *gestionar tiempos* se manifiesta en los criterios que utiliza para evaluar la razonabilidad de plazos y contingencias propuestos por los distintos equipos de trabajo, y para lograr que se cumplan.

– La capacidad de *gestionar la calidad* se manifiesta en la precisión de los diseños, en la forma de trabajo de los equipos, en el esquema de seguimiento y control, en que la cultura del proyecto descanse en la premisa de hacer las cosas bien desde la primera vez.

– La capacidad de *gestionar el riesgo* aparece en el tratamiento de los distintos aspectos identificados en la matriz de riesgos del proyecto y en la habilidad para detectar anticipa-

damente situaciones contingentes, operar sobre ellas y lograr que no se produzcan.

– La capacidad de *contratación* está vinculada a la adecuada selección y a los términos de incorporación de recursos técnicos y humanos externos necesarios para el éxito del proyecto.

El siguiente cuadro sintetiza las principales competencias de un gerente de proyecto.

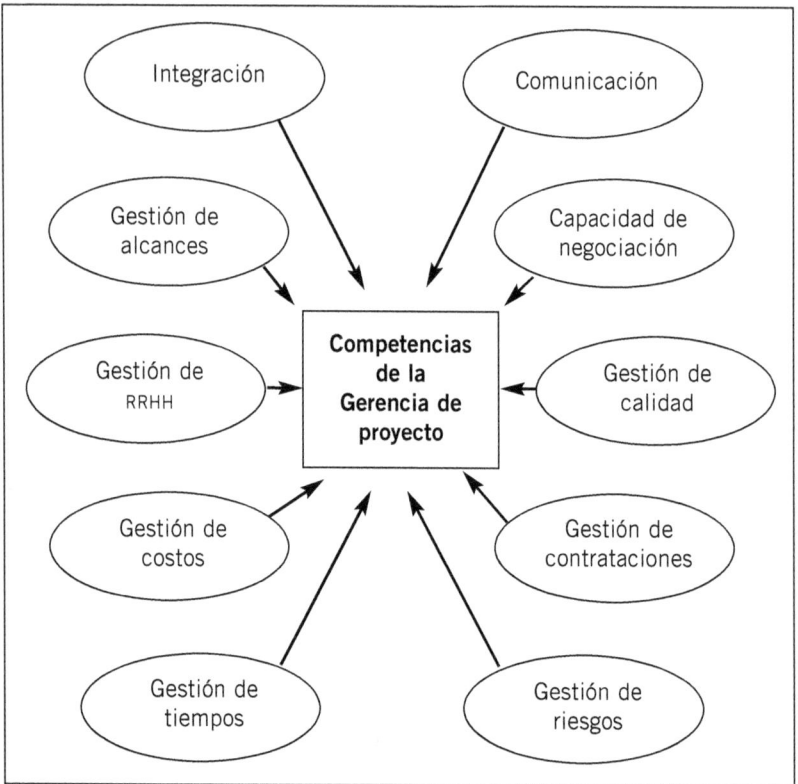

Gráfico II.

Si el gerente de proyecto percibe que dispone de estas competencias, ¡excelente! Si cree que necesita fortalecer algunas, es bueno hacerlo planificadamente y antes que

le asignen un proyecto; después no va a tener tiempo, y va a tener que aprender sobre la marcha, en el propio trabajo (*on the job*).

Actitud de CEO en el proyecto

En el inventario de competencias precedente no se han incorporado los atributos de liderazgo (los de management quedan manifiestos en las capacidades señaladas).

La razón de ello es que tienen tanta relevancia que merecen un apartado especial.

En primer término, una advertencia: el ejercicio del liderazgo debe ser medido. El proyecto tiene sponsors, cuyos espacios no hay que invadir, que limitan el poder del gerente. En cada proyecto y en cada organización existen patrones específicos. El gerente de proyecto debe identificarlos y actuar en consecuencia. Pero, por lo demás, debe actuar y comportarse como un CEO. Esto es:

- transmitiendo la visión del proyecto, el sentido de urgencia para el cambio, la propuesta de valor del proyecto;
- motivando y alentando permanentemente a su equipo;
- predicando con el ejemplo;
- identificando lo principal y lo accesorio para dirigir su esfuerzo y su tiempo a lo primero;
- operando sobre todos los aspectos relevantes y críticos;
- adoptando en forma oportuna las decisiones que le corresponden;
- requiriendo la participación de los sponsors para los temas adecuados y en el momento pertinente;
- entendiendo y gestionando las expectativas de los distintos interesados;
- evitando el conflicto.

En definitiva, creando las condiciones para el desarrollo de un proyecto exitoso.

Recuerdo el caso de un proyecto en el que se produjo un cambio de gerente a poco del inicio. El liderazgo pasó de un área técnica a una funcional, y el nuevo responsable encontró muchos problemas para resolver, entre ellos:

- el organigrama no estaba suficientemente claro para todos los integrantes;
- el esquema de seguimiento y control no era el óptimo, y las reuniones del comité de dirección con los equipos de trabajo eran confusas;
- faltaban precisiones, por lo que cada equipo trabajaba sobre premisas distintas;
- no se había formulado un plan de gestión del cambio;
- el proyecto carecía de la participación de ciertos recursos humanos de importancia crítica (usuarios críticos).

Trabajamos en todos estos frentes con el nuevo gerente de proyecto. Este, asumiendo una actitud de CEO, aclaró los objetivos y el alcance; encaró de otro modo la organización y ejecución; convocó a reuniones donde orientó y coordinó las expectativas de los interesados: al cabo de 30 días, había logrado superar los problemas, el proyecto se ejecutó en el plazo previsto de 8 meses, y finalizó con éxito.

El balance del gerente a la finalización del proyecto

¿Qué hacen y sienten los gerentes de proyecto cuando terminan su misión? La primera respuesta es: se toman unas merecidas vacaciones antes de comenzar con su nueva asignación.

En cuanto a qué sienten, valen las siguientes reflexiones. Han quedado atrás las largas jornadas de trabajo, los momentos de tensión, las presentaciones, las reuniones de avance, la presión de los cronogramas, los diseños pegados en las paredes, la alegría y el festejo por los logros intermedios, el hecho de haber conocido gente que quizás le era indiferente en el pasado; y ahora la infraestructura que se creó para el proyecto está siendo desmontada.

En este momento, los gerentes de proyecto perciben que hay cosas que permanecen: una experiencia extraordinaria, un magnífico proceso de aprendizaje, una gran pasión por el trabajo, un recuerdo que florecerá en cada reencuentro con los colaboradores, un currículum enriquecido.

Pero, ¿qué ocurre luego? Algunos deciden buscar en la organización un rol y un perfil de puesto de trabajo que tenga que ver con proyectos. Otros vuelven a una posición de línea. En cualquier caso, el balance final será siempre positivo.

Sin embargo... existen proyectos que se lanzan y no finalizan. Según mi experiencia, cuando los proyectos se cancelan no es porque no están funcionando bien. En ese caso se producen cambios, de gerente, de miembros de equipos, hasta de sponsors. Los proyectos se cancelan por otras razones: una transformación de los planes corporativos, la aparición de circunstancias nuevas no previstas, el recorte repentino del presupuesto, la transferencia del paquete accionario y un M&A con otra compañía... es decir, algún aspecto ajeno al proyecto y que tiene que ver con los cambios a nivel de la organización.

La decisión de suspender un proyecto como alternativa a tomar la decisión de continuar o cancelar no es válida en todos los casos. Desmontar un equipo de proyecto es como frenar un tren que viene a toda máquina; y después hace falta un largo tiempo para retomar el ritmo. Además, el problema es la disponibilidad de los recursos. Conclusión: si existe la mínima posibilidad de continuar, hay que intentarlo. Suspender un proyecto tiene muchas veces un alto costo.

Cierre

Su equipo ha hecho un gran trabajo. No debe dejar de expresárselo. Ya sea que lo haga en el marco de una celebración informal por la finalización del proyecto, o a través de un e-mail personalizado (en el caso de que alguna circunstancia especial por la que transita la empresa o su contexto no permita hacer el festejo).

Es necesario que la gente perciba su reconocimiento y el de la compañía por el esfuerzo y el logro alcanzado.

Además, quién sabe... ¡quizá los mismos colaboradores vuelvan a acompañarlo en otro proyecto!

CAPÍTULO VII

CULTURA DE PROYECTO EN EL NIVEL DE UN ÁREA

Tema del capítulo:
Un método para lograr un avance significativo en la performance de un área de la compañía.

MUCHAS VECES EL MANAGEMENT de un área organizacional, el responsable máximo y la gerencia media[1] que le reporta en forma directa, intercambian ideas de cambio para mejorar la performance. Tales planes suelen diluirse pronto con las presiones cotidianas, y se postergan una y otra vez. Pero estos aplazamientos, y la frustración que de ellos deriva, pueden ser evitados.

Para ello se requiere la aplicación de un esquema estructurado que permita pasar del *plano de las ideas* al *plano de los hechos*. El desarrollo de este capítulo está basado en el siguiente concepto, producto de la experiencia del trabajo conjunto con el management de las compañías:

> El problema no es la falta de ideas,
> sino la falta de un método
> estructurado para llevarlas a cabo.

¿Y por qué un método estructurado? Porque, como hemos dicho, las *urgencias del día a día* constituyen la principal causa para el retardo indefinido de las iniciativas de

---

1. *Middle management.*

cambio. Por eso, debemos encontrar un método que permita atender ambos frentes al mismo tiempo. Se trata de impedir que lo urgente aplace o anule lo importante. En el día a día se trabaja para cumplir los objetivos del área; por lo general, se hacen las *cosas correctas* pero muchas veces *de forma incorrecta* en términos de desempeño. Es necesario incorporar los cambios que permitan cumplir los objetivos establecidos para el área, sin dejar de cumplir las tareas cotidianas, pero haciéndolo con el nivel de desempeño deseado.

El método que se aplique debe servir para superar los obstáculos propios del ambiente corporativo, minado de situaciones nuevas difíciles de prever.

El objetivo del presente capítulo es describir una metodología, que denominaremos *proyecto de performance*, a fin de que pueda ser implementada por el management de las distintas áreas en su ámbito de actuación. En este proyecto se aplican los conceptos que hemos ido desarrollando en capítulos anteriores.

Un método basado en las lecciones aprendidas[2]

"Necesitaríamos un psicólogo para ayudar en este proceso." La expresión, que enfatiza la importancia del comportamiento de las personas, se oye con frecuencia cuando se abordan problemas de performance.

Un proyecto que se proponga transformar la performance de un área, necesariamente requiere una mezcla de iniciativas tanto sobre los temas actitudinales (habitualmente identificados como aspectos *soft*), como de infraestructura (habitualmente identificados como aspectos *hard*).

---

2. *Lessons learned.*

El mundo corporativo requiere resultados *concretos, medibles* y, en lo posible, *rápidos*. Y para lograr estos resultados no alcanza con trabajar sólo en el terreno de la conducta individual. Los cambios de comportamientos y hábitos deben ir acompañados de gestiones que conduzcan al fortalecimiento de la infraestructura de operación del área; de lo contrario, conducen a una nueva frustración.

Por eso el método que aquí se propone considera ambos requerimientos.

El proyecto de performance impone al responsable del área un fuerte compromiso y gran convicción, debido a que tendrá que equilibrar las decisiones referidas a la rutina cotidiana con aquellas que ayuden a ejercer innovaciones, y conseguir que su personal comprenda que ambas cosas revisten la misma importancia.

Es necesaria esta misma actitud en los reportes directos (*direct report*) o gerencia media (*middle management*), de modo que la gente no perciba contradicciones entre las directivas de los responsables de sector y aquellas del responsable del área.

La metodología del proyecto de performance

A continuación se presenta el esquema del método con los pasos o etapas que lo integran. Como expresamos antes, su utilización supone aplicar conceptos desarrollados en capítulos anteriores, *adaptados* a este proyecto específico.

Paso 1: Identificar y hacer un inventario de los problemas y las acciones que deberían llevarse adelante.

Paso 2: Establecer un ranking de prioridades sobre la base de la matriz de efecto en los resultados/dificultades de implementación. Agrupar las acciones por tema.

Paso 3: Considerar las iniciativas de cada tema como un sub-proyecto. Asignarlo a un líder de proyecto. La primera actividad de cada líder de proyecto es proponer la definición del sub-proyecto.

Paso 4: Desarrollar un plan asociado a los aspectos de gestión del cambio que requerirá el proyecto de performance.

Paso 5: Establecer un mecanismo de seguimiento de avance formal, una vez aprobadas las definiciones de los sub-proyectos.

Paso 6: Implementar acciones que permitan continuar con una mejora continua de los logros alcanzados con el proyecto de performance.

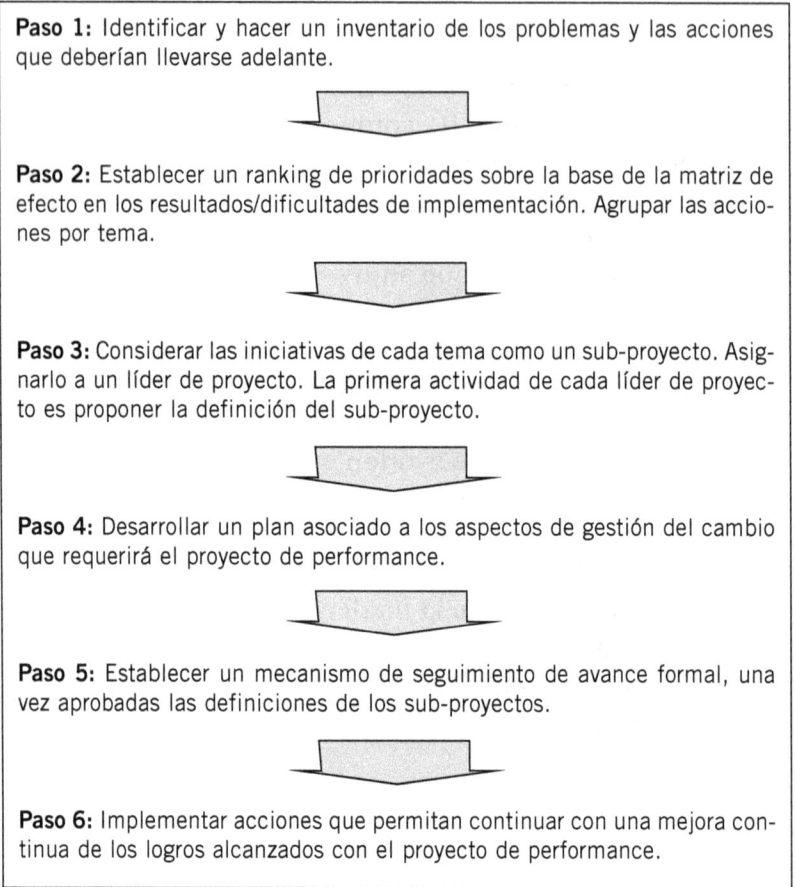

Gráfico I. *Framework* metodológico del proyecto de performance.

El desarrollo

Paso 1: **Identificar** y hacer un **inventario** de los **problemas,** y de las **acciones** que deberían llevarse a cabo para **solucionarlos.**

En el *primer paso* se trabaja con un pensamiento divergente que concluye en el segundo paso con uno convergente.

Probablemente, un responsable de área se ha tomado su tiempo para detectar los *obstáculos*[3], los *comportamientos* y los *hechos* que afectan el desempeño del área, y reflexionar sobre ellos. Sin embargo, esta es una visión preliminar y personal. Es importante enriquecerla. La forma de hacerlo es integrar los puntos de vista y las ideas de los reportes directos (gerencia media). Pero hay que trabajar sobre el tema en forma focalizada, sin las interrupciones de las tareas diarias y promoviendo la confianza del grupo. No se trata de culpar a nadie, sino de aportar al conjunto. Tal tipo de tarea requiere un espacio y una formalidad distintos de los habituales intercambios "de pasillo", donde se comente qué cosas no están funcionando y qué habría que hacer para solucionarlas. El problema, justamente, no es la falta de ideas, sino, como dijimos, la falta de un método estructurado para concretarlas.

Hace falta, entonces, celebrar una reunión de trabajo fuera del ámbito cotidiano. Allí el pensamiento divergente podrá encarar la identificación de todos los inconvenientes, y las acciones que sería necesario ejecutar para superarlos. Seguramente habrá superposiciones, pero es un comienzo concreto. Cuando la lista parece completa, se debe dar el paso siguiente.

Paso 2: Establecer un **ranking de prioridades** sobre la base de la matriz de efecto en los resultados/dificultad de implementación. **Agrupar las acciones por tema.**

El *segundo paso* puede ejecutarse en la misma sesión que el anterior e inmediatamente después de este.

Es el momento en que comienza el pensamiento convergente.

---

3. *Blockers*.

La tarea por realizar consiste en trabajar con un ranking de prioridades, de modo tal de dirigir el esfuerzo a las acciones con mayor rédito y menor costo de ejecución. La variable "efecto en resultados" registra la influencia en el cumplimiento de los objetivos definidos para el área. Para ello utilizamos la siguiente matriz:

Efecto en resultados (objetivos del área)

		Bajo	Alto
	Alto	Acciones ① por descartar	Acciones ② por ejecutar
Dificultad de implementar	Bajo	Acciones ③ para una fase futura	Acciones ④ inmediatas

Gráfico II.

Las acciones que integrarán el proyecto de performance son las de los cuadrantes 2 y 4: mejoras de rápida implantación[4] (en la mayoría de los casos existen, aunque no son las más numerosas) y contenidos principales[5] del proyecto. Estas iniciativas requieren ser agrupadas, de modo tal que como máximo tengamos cuatro o cinco temas. Es muy frecuente que estos temas sean los que siguen.

GENTE: todas las iniciativas que contribuyen a la performance de la gente[6], tales como modelo actitudinal, competencias de los distintos niveles, etc.

---

4. *Successes.*
5. *Core.*
6. *Human performance.*

PROCESOS/SISTEMAS: simplificación, esstandarización, mejores prácticas, etc.

SIGNOS VITALES: *cuadro de mando integral* del área como modelo de gestión y visión compartida.

COSTOS: acciones para la reducción de los costos de operación o reasignación más inteligente de las partidas presupuestarias.

VALOR: aplicable en el caso de áreas generadoras de ingresos.

Esta lista es meramente indicativa, ya que los temas serán definidos en función de los problemas que se identifiquen en cada caso.

Fin del Paso 2. Fin de la sesión. Resultados: los problemas prioritarios están definidos y agrupados por temas. Dentro de ellos, están identificadas las acciones que pueden ser implementadas rápidamente y aquellas que requieren un esfuerzo o un plazo mayor.

Paso 3: Considerar **las iniciativas de cada tema como un sub-proyecto**. Asignarlo a un líder. **La primera actividad** de cada líder será proponer la definición del sub-proyecto.

Con los primeros pasos que hemos seguido ha quedado en claro el *qué*. Lo que sigue es establecer el *cómo* y el *cuándo*, es decir, asignar responsabilidades de implementación.

Cada tema se convertirá en un sub-proyecto del proyecto de performance, en un pilar que contribuirá a alcanzar el objetivo. El esquema de la página siguiente expresa el sentido de lo expuesto.

Ahora bien: asignar responsabilidades de implementación significa asignar un líder a cada sub-proyecto.

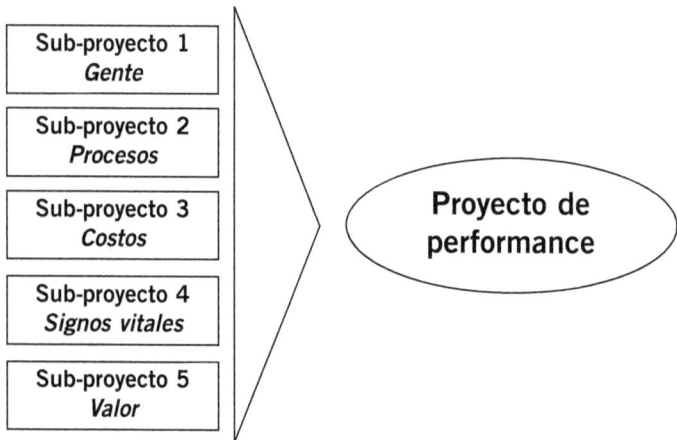

| Sub-proyecto 1
Gente |
| Sub-proyecto 2
Procesos |
| Sub-proyecto 3
Costos |
| Sub-proyecto 4
Signos vitales |
| Sub-proyecto 5
Valor |

Proyecto de performance

Gráfico III.

Esta no es una decisión menor, porque la persona elegida debe tener la capacidad y las competencias requeridas para lograr el éxito en la ejecución de la tarea. Dicha persona puede ser un reporte directo (un gerente que reporta al responsable del área), o alguien con potencial que reporta a su vez a un reporte directo. Las ventajas/desventajas de seguir un camino u otro son muy específicas de cada caso, razón por la cual no existe una solución única. Sin embargo, más allá de con quién se conforme el equipo de líderes a cargo de los sub-proyectos, algo debe establecerse en forma contundente: la ejecución del sub-proyecto debe formar parte de los *objetivos* anuales de dicha persona, y considerarse en su evaluación de desempeño. Tiene que quedar claro que el proyecto de performance va en serio y que no es una iniciativa más que se va a frustrar en el camino.

Es relevante formalizar entre el responsable del área y los líderes de sub-proyecto (si en algún caso no son los reportes directos, es conveniente invitarlos también, para evitar conflictos en las líneas de autoridad) una reunión de trabajo donde se concreten las asignaciones y se acuerde la fecha de presentación de la Definición del Proyecto. La participación conjunta de todos los actores va estructurando un equipo de *cambio* que se irá consolidando con la ejecución del proyecto de performance. Hecha la selección de los líderes, estos tendrán que presentar, en un plazo que no debería exceder las cuatro semanas, la respectiva Definición (como lo hemos visto en el capítulo respectivo) sobre cómo van a ejecutar sus correspondientes sub-proyectos, cuáles serán sus alcances, con quiénes los van a ejecutar, en qué tiempo, etcétera.

> **Paso 4:** Desarrollar un plan asociado a los **aspectos de gestión del cambio** que requerirá el proyecto de performance.

La aplicación del plan de comunicación (ya hemos visto el contenido y la metodología para su formulación en un capítulo anterior) contribuirá a lograr los siguientes objetivos.

- Lograr que toda la gente del área entienda y comparta la visión y las razones del proyecto, y perciba al mismo como una iniciativa que contribuye a dar respuestas. Obtener entonces el compromiso para la implementación de los contenidos del proyecto.
- Comprometer al resto de las áreas de la compañía y mantenerlas informadas sobre la evolución del proyecto.

> **Paso 5:** Establecer un **mecanismo de seguimiento de avance formal**, una vez aprobada la definición de cada sub-proyecto.

El proyecto de performance debe mantener el *momentum* a lo largo de su ejecución. El liderazgo, sponsoreo y el apoyo político del responsable del área tienen la oportunidad de manifestarse en las reuniones de seguimiento de los sub-proyectos. Estas deben realizarse con una periodicidad previamente acordada (mínimo de dos semanas y máximo de cuatro), con la participación de todos los líderes (y, en el caso de que no sean los reportes directos, de los gerentes a quienes reportan en la línea).

En ese ámbito, y sobre la base de la Definición del Proyecto, cada líder informará al responsable de área y compartirá con el resto de los presentes los avances de su respectivo sub-proyecto. Es en estas reuniones donde se toman las decisiones y se comparten los logros.

> **Paso 6:** Implementar acciones que permitan **una mejora continua** de los logros alcanzados.

Al llegar el proyecto de performance a su culminación, se habrán alcanzado logros importantes. Algunos temas habrán quedado pendientes, pero la evaluación global será altamente positiva y ello se reflejará en los indicadores de performance futura del área. Pero, ¿cómo mantener ese espíritu innovador que la dinámica del trabajo permitió alcanzar? ¿Cómo consolidar la cultura de cambio que tanto ha contribuido a mejorar el desempeño? La respuesta es: a través de un mecanismo formal que implemente el management del sector para promover el compromiso de la gente del área. Se dice, y es verdad, que "las personas se comportan según cómo se las evalúa", razón por lo cual su esfuerzo por la mejora continua debe formar parte de la evaluación anual de desempeño.

El responsable de área debe ser claro con sus reportes directos en cuanto al objetivo de mejorar en forma continua.

En las reuniones periódicas del responsable del área con los reportes directos (reuniones de gerencia o reuniones de staff), además de abordar la marcha del presupuesto del sector y los temas urgentes, la agenda debe incorporar las nuevas mejoras a implementar.

Cierre

Como hemos visto, la aplicación de la cultura de proyecto en un área ayuda a hacer realidad la implementación de cambios, que sin la existencia de un método estructurado quedaría en el plano de las buenas intenciones.

Sugerencia: si está al alcance de un área organizativa aplicar el método, debe ejecutarlo. Estará contribuyendo a generar valor para la compañía.

CAPÍTULO VIII

CULTURA DE PROYECTO
EN EL NIVEL CORPORATIVO

Tema del capítulo:
La construcción de una competencia organizacional.

UNA CULTURA DE PROYECTO en el nivel corporativo requiere de los siguientes componentes:

- un método para la definición y ejecución de proyectos;
- un método para la priorización de proyectos;
- el establecimiento de una Oficina de Gestión de Proyectos (PMO, por las siglas en inglés *Program Management Office*) cuando el número de proyectos simultáneos es importante, o cuando la empresa está en un proceso de transformación que demanda la ejecución de varios proyectos orientados a un objetivo estratégico.

Las compañías que establecen los parámetros para la definición y ejecución de proyectos, y los incluyen en el plan de capacitación y desarrollo de la gente, logran beneficios tales como:

- disponibilidad de recursos humanos aptos para liderar proyectos;
- menores tiempos de arranque (*start-up*) y de ejecución de los proyectos; y
- reducción del nivel de riesgos en la gestión de proyectos.

139

Hasta aquí nos hemos referido al enfoque[1] del método para la definición y ejecución de proyectos y lo explicado hasta ahora se ha ido estructurando con el tratamiento propuesto para los distintos aspectos de un proyecto, desde su gestación hasta su implementación. En el presente capítulo vamos a concentrarnos en los otros componentes enunciados.

Priorización de los proyectos

El proceso de priorización de proyectos es un mecanismo a través del cual una compañía decide qué proyectos deben ser ejecutados antes que otros.

Esto tiene su componente positivo dado por la afectación de recursos y esfuerzos en forma racional a nivel de empresa, pero tiene un aspecto no deseado por las distintas áreas: la postergación de algunos de sus propios proyectos y la falta de autonomía para realizarlos.

Por suerte existe un atenuante para esta última circunstancia: no siempre un proyecto que un área desea lanzar debe ser incluido en el proceso de priorización a nivel corporativo.

Los proyectos que siempre se consideran en el presupuesto de la empresa y están sujetos al proceso de priorización son los más significativos e importantes en términos de inversión. Pero los proyectos menores de las áreas pueden ser financiados, en general, con partidas destinadas a cubrir gastos no previstos.

En la medida en que no requieran un exceso de recursos humanos de otras áreas y no afecten recursos críticos y siempre escasos de sistemas y tecnología, cada área podrá ejecutar sus proyectos sin incorporarlos al proceso

---

1. *Approach.*

corporativo de priorización (lo cual le permitirá realizar-los rápidamente).

Antes de presentar un método para la priorización de proyectos vamos a hacer una introducción, cuyo objetivo es describir el proceso de planificación en una empresa.

¿Por qué es importante entenderlo? Porque de ese modo se evidencia la vinculación que existe entre los objetivos corporativos, el presupuesto y la ejecución de los proyectos.

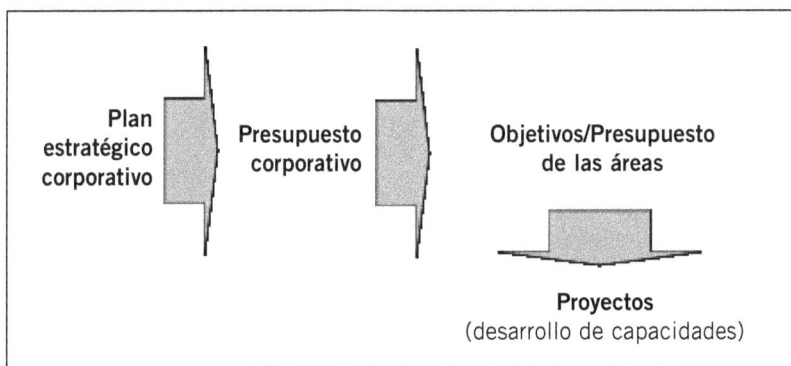

Gráfico I. Proceso de planificación en una organización.

El cuadro precedente explica el proceso corporativo que liga la planificación estratégica (de largo plazo) con la planificación táctica (presupuestos) y los proyectos.

En el inicio del proceso tenemos la estrategia de la compañía. Muchas veces esta es producto de un ejercicio formal que con cierta periodicidad realiza y revisa el management a través del análisis SWOT o FODA (que revela fortalezas y debilidades de una empresa respecto de sus competidores, y oportunidades y amenazas del mercado), mediante el cual puede establecer los ejes estratégicos del negocio.

En otras ocasiones, la determinación de la estrategia es una actividad de búsqueda de consenso previo para la formulación del presupuesto.

Establecida la estrategia, se determinan los objetivos específicos con los que cada unidad organizativa contribuirá a lograr los objetivos corporativos.

Para alcanzar estos objetivos, cada área tiene asignado un presupuesto, que utilizará en sus gastos corrientes de operación y en las inversiones necesarias para construir las capacidades (*capabilities*) requeridas. Aquí es donde aparecen los proyectos. Como los presupuestos son finitos, en el proceso de asignación presupuestaria las áreas deben competir por los recursos financieros respectivos.

En el caso particular de los proyectos, las distintas áreas corporativas también compiten por otros recursos, tales como el personal de otras áreas o la inclusión en el plan de sistemas cuando el proyecto requiere tecnología.

Esto genera en la compañía la necesidad de tener un método, lo más racional posible, para asignar prioridades en la ejecución de proyectos.

El proceso de negociación[2] para la priorización de los proyectos se basará en un método aceptado por todos los responsables de área. Sólo a modo de ejemplo a continuación presentamos un método posible, que puede ser adaptado a las características propias de cada empresa.

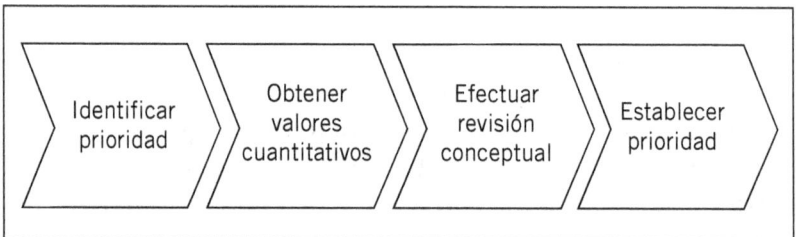

Identificar prioridad	Obtener valores cuantitativos	Efectuar revisión conceptual	Establecer prioridad

Gráfico II. Pasos del método de priorización de proyectos.

El primer paso consiste en identificar la prioridad de cada proyecto. Para ello trabajamos con una matriz que re-

---

2. *Trade-off.*

laciona dos variables: prioridad corporativa (empresa en su conjunto), y prioridad para el área organizativa que lo requiere. Se deben generar tantas matrices como áreas organizativas soliciten efectuar proyectos.

Prioridad corporativa

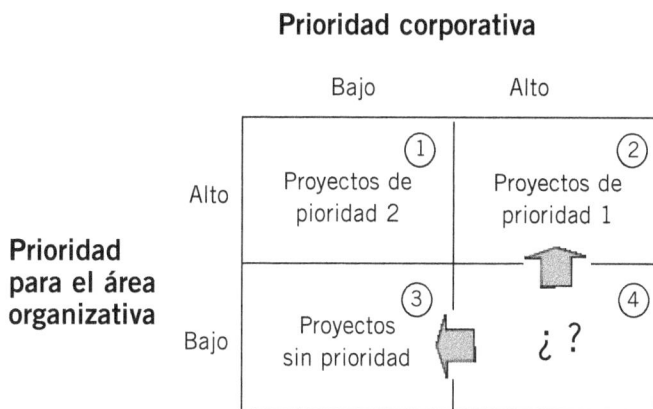

Gráfico III.

El cuadrante 2 (de todas las matrices generadas) identifica sin lugar a dudas los proyectos de máxima prioridad.

En el cuadrante 4 no debería existir ningún proyecto. Si aparece alguno, es por una de las siguientes razones: que no se trate de un proyecto altamente prioritario para los objetivos estratégicos corporativos, o bien que exista un problema en la coordinación de los objetivos del área con los objetivos estratégicos corporativos.

Los proyectos del cuadrante 1 (de todas las matrices generadas) se ubican en un segundo nivel de prioridad.

Y, finalmente, los proyectos correspondientes al cuadrante 3 de las matrices quedan pendientes (*backlog*), pues carecen de prioridad.

A partir de los resultados de todas las matrices, el segundo paso es establecer un mecanismo de ponderación, valoración y comparación, que permita determinar el orden de los proyectos dentro de las prioridades 1 y 2.

Presentamos, para ejemplificar, posibles factores de ponderación y su peso relativo (cada empresa seleccionará los propios).

Factor de ponderación	Peso relativo
– Asociados al mercado (clientes y/o competencia)	30
– Asociados a contribución a los ingresos	25
– Asociados a reducción de costos	20
– Asociados a contingencias potenciales	15
– Asociados a mejoras de operación	10
	100 %

A su vez, cada uno de estos factores tendrá un nivel de valoración. Por ejemplo:

Alto	3
Medio	2
Bajo	1

Este nivel de valoración se refiere al grado en que el respectivo proyecto contribuye al factor de ponderación. Cada proyecto puede estar asociado a más de uno de estos factores.

Para organizar los proyectos dentro de su nivel de prioridad, se multiplica el valor del factor por su nivel de valoración. Por ejemplo: si es un proyecto asociado a reducción de costos y contribuye fuertemente a lograr ese objetivo, su puntuación sería 60, esto es, el resultado de 20 x 3).

El procedimiento se repite para cada proyecto, hasta completar la lista en orden de importancia.

El tercer paso consiste en analizar la razonabilidad del ranking obtenido en el paso anterior, de modo de confrontar el método cuantitativo con la revisión conceptual.

Dada la naturaleza del tema y la importancia que reviste para la compañía, el establecimiento definitivo de la priorización de proyectos debe ser efectuado por un comité integrado por la gerencia general y los responsables máximos de todas las áreas, aunque hay casos en que se decide que la gerencia general no integre el comité (sólo excepcionalmente se recurre a su intervención), de modo que el acuerdo se alcance a través de la negociación entre las áreas.

El resultado de este proceso de priorización es dinámico. Esto significa que cada vez que se reúna el comité se deberá hacer una revisión de la priorización, dado que el contexto cambiante puede producir el ingreso de nuevos proyectos y la pérdida de importancia de otros.

PMO - Oficina de gestión de proyectos

En los casos de las compañías que posean una lista numerosa y recurrente de proyectos que demandan una fuerte coordinación, es posible la constitución de un sector corporativo que contribuya, entre otras cosas, con:

– soporte en la aplicación de la metodología de diseño y ejecución de proyectos;
– coordinación en la asignación de recursos a proyectos de las distintas áreas;
– asistencia a los gerentes de proyecto y sponsors;
– seguimiento del estatus de los proyectos en general;
– control complementario del presupuesto de los proyectos;
– presentación de informes y reportes;

145

- coordinación de los proyectos vinculados entre sí;
- preparación de informes para el comité de priorización de proyectos;
- verificación del cumplimiento de la justificación económica de los proyectos ejecutados.

Otro caso donde aparece la necesidad de una PMO es ante un proyecto de transformación.

Esta situación es excepcional y tiene lugar cuando, luego de un profundo análisis estratégico, una compañía concluye que debe reconvertir su plan de negocios y, consecuentemente, su configuración actual.

El proyecto de transformación es múltiple: está constituido por varios proyectos que tienen por objetivo materializar las acciones que requiere la nueva postura estratégica.

La actividad de una PMO no es una tarea para la cual una empresa normalmente tiene asignado un responsable. Por ello, en los casos de un proyecto de transformación las empresas pueden decidir la tercerización de la PMO.

La idea de tercerizar la PMO se funda en los siguientes factores:

- la transitoriedad de la función;
- la afectación de recursos humanos con conocimientos y habilidades específicos;
- la naturaleza de sus funciones, y
- la dependencia de un comité ad-hoc (generalmente llamado "de cambio" o "de transformación") integrado por los niveles máximos del management.

El siguiente gráfico permite visualizar el vínculo exis-
tente entre la estrategia de una iniciativa de transformación empresaria y los proyectos que permiten concretarla.

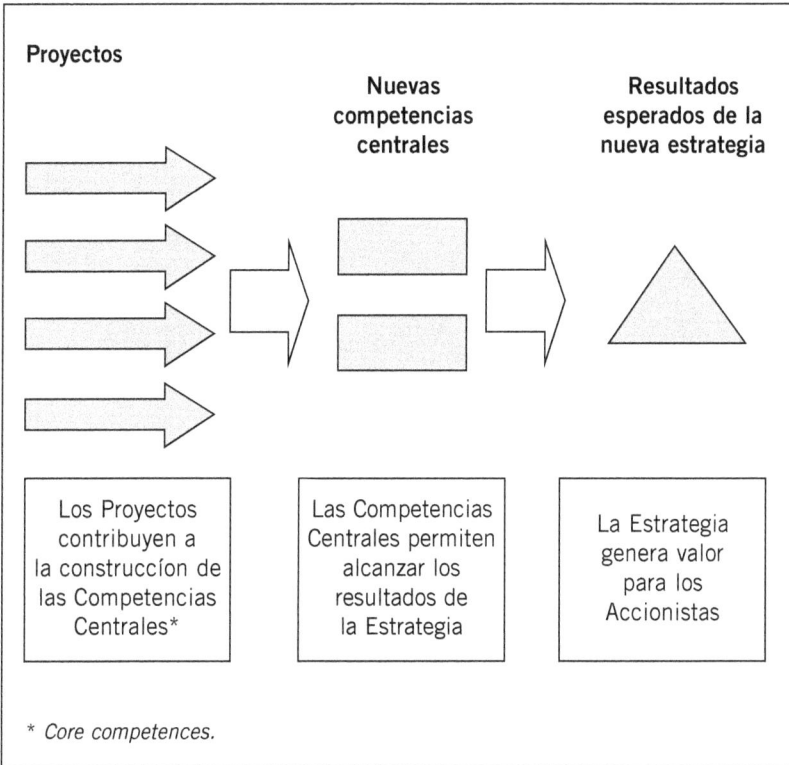

Gráfico IV. Proyecto de transformación.

Cierre

Una metodología única para el diseño y la ejecución de proyectos, un método para su priorización y la presencia de una PMO, constituyen manifestaciones de una cultura de proyecto a nivel corporativo.

La competencia organizacional ha sido construida.

147

CAPÍTULO IX

UN CASO QUE RESUME
LA APLICACIÓN DEL ENFOQUE

Tema del capítulo:
Integración y aplicación de conceptos en un proyecto
creado para reproducir la realidad.

A LO LARGO DEL LIBRO he hecho mención a situaciones reales, experimentadas en algunos de los muchos proyectos en que he participado, para ilustrar los distintos puntos desarrollados.

En este capítulo recorreremos el diseño y la ejecución de un proyecto de principio a fin, con el propósito de integrar y sintetizar los conceptos expuestos.

Con la ayuda de un caso creado para reproducir hechos de la vida corporativa y del contexto real, vamos a transitar por las principales situaciones que habitualmente se presentan en el desarrollo de los proyectos. El ejemplo es un proyecto de características similares a las de uno en el que tuve la oportunidad de colaborar, y al que le he introducido cambios y adaptaciones de manera de contribuir a los objetivos específicos de esta sección.

Si bien no existen dos proyectos iguales, seguramente el que aquí se presenta servirá como un marco de referencia y guía de aplicación práctica de los conceptos expuestos en los capítulos precedentes.

El nacimiento

Los efectos de la implementación exitosa de un nuevo modelo operativo en las áreas administrativas y en procesos contables relacionados, efectuada en su principal compañía, estaban propagándose en el Grupo ABC. Se trataba de una corporación internacional, que llevaba varias décadas operando en el país. Estaba conformada por varias compañías, aunque la principal de ellas agrupaba el 90% de los activos e ingresos totales.

El cambio mencionado se había logrado por medio de una significativa reingeniería de procesos viabilizada por la implementación de varios módulos de tecnología ERP. Estos últimos eran productos de una de las empresas de mayor prestigio mundial en la provisión de software.

Cuando estaba planificando un taller de management de proyectos para la semana siguiente, recibí el llamado de Pablo C., CFO del grupo.

Pablo: Hola, ¿cómo estás?

David: Bien, muy bien. ¿Cómo avanzan los resultados de AdconValor? (Ese era el nombre del proyecto mencionado.)

Pablo: Bien, muy bien. La operación no tiene ruidos y la justificación económica se está cumpliendo. Precisamente por eso te llamo: quiero que me ayudes a pensar la posibilidad de extenderlo a las restantes compañías del grupo. ¿Podrías almorzar conmigo el próximo jueves?

David: ¡Por supuesto! –respondí, con el entusiasmo propio de una nueva oportunidad de proyecto.

Las compañías menores del grupo se dedicaban principalmente a la prestación de servicios. Los recursos humanos de las áreas comerciales y de administración reportaban matricialmente a los directores de área de la principal compañía, esto es, a Pablo C. y al director comercial.

Tenían un equipo de administración común, independiente de la administración de la principal empresa. Asimismo, disponían de un sistema administrativo y contable "customizado" a la medida de sus necesidades específicas, que recibía mantenimiento de un tercero. Durante el almuerzo, Pablo C. me manifestó que extender el proyecto AdconValor al resto de las compañías del grupo contribuiría a la reducción de los costos de operación y a la estandarización y simplificación de los procesos.

Pablo: Para llevar adelante el proyecto, tengo que presentar sus antecedentes a la Dirección General.

David: Bueno, se podría trabajar en una Definición de Proyecto que no demandaría más de cuatro semanas. ¿A quién piensan poner como gerente de proyecto?

Pablo: Ya que participaste como consultor en varios proyectos de la compañía, ¿a quién sugerirías?

David: Yo elegiría un gerente con alto potencial que trabaje en alguna de las compañías menores del grupo y que reporte a tu área. Se dedicará *full-time* al proyecto, y después podrá asumir una posición de responsabilidad en la organización emergente.

Pablo: Estoy de acuerdo: ese es Juan P. Hoy voy a hablar con él, y mañana lo podrás llamar para empezar a ayudarlo. Roberto J. , un chico muy capaz que trabaja con él, asumirá la responsabilidad de su sector durante la realización del proyecto.

En la administración de las compañías menores del grupo, Juan P. era el responsable de los balances locales, la información gerencial y los reportes al exterior. En el área tenía dos pares: uno responsable de Tesorería y Finanzas, y otro a cargo de los aspectos legales e impositivos de las compañías.

David: ¿En quiénes pensaste como sponsors del proyecto, para que integren el comité de dirección?

Pablo: En el director de Tecnología y Sistemas, para contar con su soporte, y el director comercial, para tener las definiciones que requerimos.

David: Entonces ustedes tres integrarían el comité de dirección. ¿Quién hablará con ellos?

Pablo: Yo me encargo…

El proyecto estaba planteado. Ahora había que trabajar.

La Definición del Proyecto

Al día siguiente, como me lo había pedido Pablo C., llamé a Juan P. Él ya había hablado con su jefe y estaba ansioso, por lo que quedamos en juntarnos esa misma tarde.

Juan: Este proyecto va a ser complicado. La gente de Administración está habituada a trabajar con el sistema actual, y además puede haber una lógica resistencia al cambio por temor de que sus tareas sean absorbidas por otros. Me dijo Pablo C. que vas a ayudarnos. Eso es bueno para mí, ya que es la primera vez que tengo un proyecto de esta magnitud a cargo. ¿Cuál va a ser tu función?

David: Básicamente, darte coaching desde la experiencia. El liderazgo del proyecto está a tu cargo. Mi misión es ayudar al éxito del proyecto, ayudándote como gerente de proyecto en cada una de las etapas y dándole al comité de dirección una visión independiente que contribuya a la reducción de los riesgos.

Juan: Excelente. ¿Por dónde comenzamos?

David: Como le dije a Pablo C., hay que empezar por confeccionar el documento de Definición del Proyecto. Es muy importante, porque permitirá alinear las expectativas que tienen los sponsors y los distintos interesados en el proyecto. Básicamente, contiene los objetivos, el alcance, la organización, el cronograma, la justificación económica y otros puntos que contribuyen a tener claro ciertos aspectos durante la ejecución del proyecto. Además, ese documento va a ser utilizado por Pablo C. para su presentación a la Dirección General.

Juan: ¿Y cómo armo el equipo para trabajar en la definición?

David: Tendrías que conocer la operatoria actual de las compañías.

Juan: La conozco bastante bien.

David: Sugiero que formes un pequeño equipo de trabajo con alguien del área de Sistemas que haya trabajado en el proyecto AdconValor, y con gente de las áreas que van a ser afectadas por el proyecto, de modo de evitar un diseño conceptual de laboratorio que no esté validado previamente.

Juan: ¿Los necesitaré a tiempo completo?

David: No en esta etapa, pero sí a partir de que el comité de dirección apruebe la definición, y comience la construcción e implementación. ¿Estás al tanto de quiénes van a integrar el comité?

Juan: Sí, ya me lo anticipó Pablo C.

David: Para avanzar, tendrás que pedirle a Pablo C. que mande un e-mail a los jefes de los recursos que quiere incorporar a tiempo parcial en esta etapa. Eso te va a facilitar su disponibilidad. Mientras tanto, yo te enviaré un esquema de Definición de proyecto, que después podrás adaptar al diseño con el que te sientas más cómodo.

Juan: ¿Te parece necesario que Pablo C. mande también un e-mail haciendo referencia al lanzamiento de este proyecto?

David: Por ahora, lo manejaría con bajo perfil. Una vez que presente la Definición y se apruebe definitivamente, podemos hacer los primeros avisos en el marco de un plan de comunicación. Un tema que hay que tener muy en cuenta es el mapa político del proyecto.

Juan: Sí, es cierto. ¿Qué hacemos?

David: Bueno, si te parece bien, anotemos los nombres de los distintos interesados y la naturaleza de su interés.

Juan P. tenía un atril con hojas removibles, de modo que decidimos utilizarlo. Luego de intercambiar ideas resultó el siguiente escrito, que representaba la síntesis de nuestra interacción.

Altos ejecutivos

Integrantes del comité de dirección

- Preocupación común: que el proyecto no tenga problemas.
- Interés de cada uno de ellos:
- Director comercial: que el proyecto no afecte el propósito de alcanzar los objetivos del año.
- Director de Sistemas: implementar la plataforma tecnológica adoptada por el grupo no sólo localmente, sino también en el marco internacional.
- Pablo C. (CFO): reducir los plazos de obtención de la información, mejorar la calidad de la información y reducir costos de la operación.

Otros ejecutivos (del grupo)

- En principio no estaban afectados por el proyecto.

Colegas de Juan P.

- Sus dos pares en la administración podrían sentir el proyecto como una amenaza posible a su posición relativa respecto de Juan P. (¿Dejarían de reportar a Pablo C., pasarían a reportar a Juan P.?)
- Pares que reportan al director comercial podrían procurar que el proyecto no afectara los objetivos del año. (No existían otros proyectos, con lo cual no había competencia por recursos.)

Personal de administración

- Algunos podrían sentir la amenaza propia de la implementación de un sistema que automatice las tareas. Consecuentemente, podrían sentir temor de perder sus puestos de trabajo.

Gráfico I. Mapa político.

David: Te sugiero que cuando te reúnas con los interesados tengas en cuenta este ejercicio y todas las preocupaciones que han surgido de él.

Juan: Pero algunas no tienen sentido: no creo, por ejemplo, que Pablo C. esté pensando en modificar su estructura de reportes, y en cuanto a la gente en general, su mayor riesgo es el de ser transferida a otra área del grupo, cosa que hasta puede constituir una oportunidad más que un peligro.

David: Voy a ayudarte a confirmar esta visión con Pablo C., y si es así, habrá que encontrar la forma de hacérselo saber a la gente. Eso va a favorecer su colaboración.

Juan: Otro tema: ¿qué se te ocurre respecto del nombre del proyecto?

David: Recomiendo que por ahora hablemos de "AdconValor" para el resto de empresas del grupo. Después de la aprobación de la definición, podrías generar alguna actividad con el que va a ser tu equipo, para que defina el nombre.

Juan: Me parece bien. De paso, eso motivará a la gente.

A lo largo de las cuatro semanas siguientes, Juan P. trabajó en la Definición del Proyecto con su equipo de dedicación a tiempo parcial del área de Sistemas, los recursos de las áreas afectadas, y mi colaboración. Se definieron a grandes rasgos el modelo a implementar, la estrategia de conversión, los recursos y plazos requeridos y el *business case* que respaldaría al proyecto. Se celebraron varias reuniones con el proveedor de software (el mismo del proyecto AdconValor) con el propósito de definir el modelo, para obtener costos de producto, de consultoría funcional y técnica, y para establecer los plazos y la mejor forma de organizarse. En estas reuniones participaron tanto las áreas usuarias como la de Sistemas.

Durante el proceso, Juan P. mantuvo informado a Pablo C de los avances y las distintas definiciones. También, y a efectos de evitar sorpresas en la presentación del documento de Definición, se reunió con los otros miembros del comité de dirección para ir adelantándoles los lineamientos de su contenido y para recibir algunas sugerencias. El día que Juan P. presentó la Definición a sus sponsors, no hubo sorpresas. La reunión fue altamente participativa y ejecutiva. Se consideraron algunas sugerencias y su contenido fue aprobado. Juan P. quedó satisfecho.

En la misma semana, Pablo C., que disponía de presupuesto para el proyecto, presentó el mismo esquema a la Dirección General y a sus pares, y recibió apoyo para seguir adelante.

Estaban creadas las condiciones para abordar la construcción e implementación.

Definición del Proyecto

- Objetivos

- Alcance y supuestos

- Propuesta de cambio - Modelo conceptual

- Metodología

- Organigrama

- Cronograma

- Identificación de riesgos

- Justificación económica

Objetivos

- Lograr un avance significativo en la calidad y oportunidad de la información.
- Unificar la plataforma tecnológica del grupo en el país, alineándola a los estándares corporativos internacionales (ya realizado con el proyecto AdconValor para la principal compañía de la corporación).
- Lograr una mayor eficiencia operativa, contribuyendo a una reducción prevista del 15% en los costos de los procesos.

Alcance y supuestos

- El proyecto comprende los sistemas administrativos de las compañías menores del grupo. Esto es, los procesos relacionados con el ciclo de compras/pagos, el ciclo de ventas de servicios/cobranzas y de registración para cumplimentar requerimientos contables locales e internacionales de la corporación, y de información para la conducción de los negocios.

Los plazos del proyecto que se comprometen están basados en los siguientes supuestos:

- Los módulos ERP se implementarán considerando sus posibilidades de parametrización. Es decir que no están previstos desarrollos a medida, salvo los requerimientos de reportes y consultas.
- Queda para un proyecto posterior evaluar la conveniencia de mantener la estructura de administración de las empresas menores o proceder a su absorción en la administración de la compañía principal del grupo.

Propuesta de cambio - Modelo conceptual

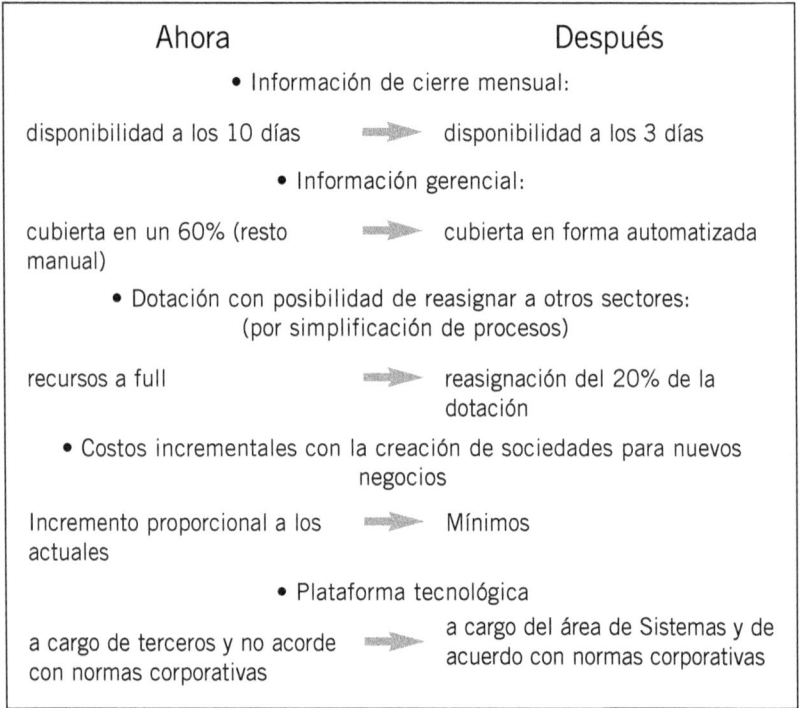

Ahora   Después

• Información de cierre mensual:

disponibilidad a los 10 días   ➡   disponibilidad a los 3 días

• Información gerencial:

cubierta en un 60% (resto   ➡   cubierta en forma automatizada
manual)

• Dotación con posibilidad de reasignar a otros sectores:
(por simplificación de procesos)

recursos a full   ➡   reasignación del 20% de la
dotación

• Costos incrementales con la creación de sociedades para nuevos
negocios

Incremento proporcional a los   ➡   Mínimos
actuales

• Plataforma tecnológica

a cargo de terceros y no acorde   ➡   a cargo del área de Sistemas y de
con normas corporativas   acuerdo con normas corporativas

Metodología

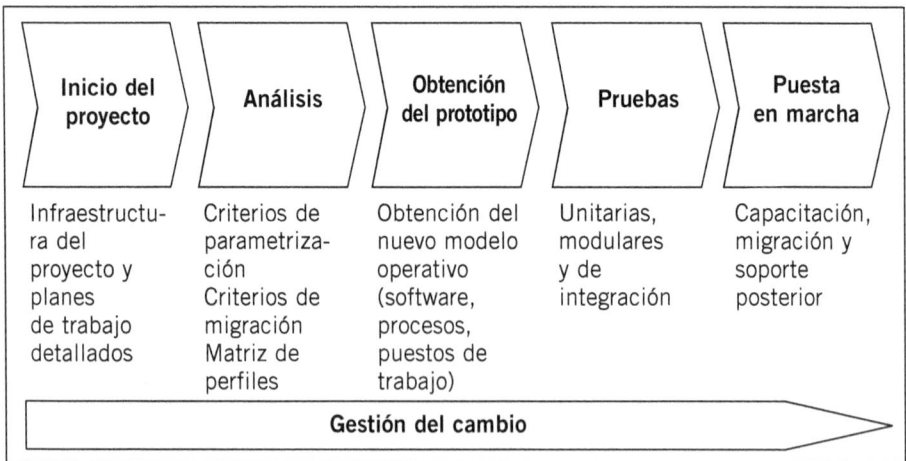

Inicio del proyecto	Análisis	Obtención del prototipo	Pruebas	Puesta en marcha
Infraestructura del proyecto y planes de trabajo detallados	Criterios de parametrización Criterios de migración Matriz de perfiles	Obtención del nuevo modelo operativo (software, procesos, puestos de trabajo)	Unitarias, modulares y de integración	Capacitación, migración y soporte posterior

Gestión del cambio

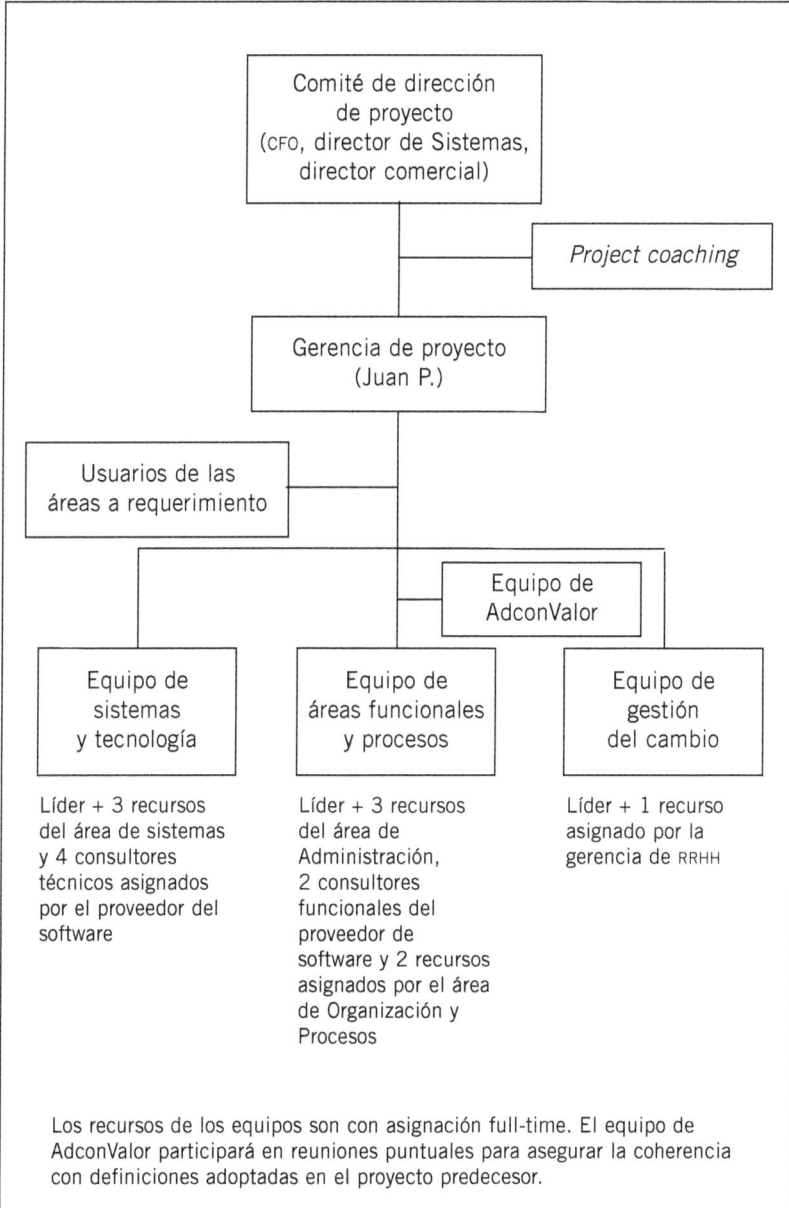

Organigrama

```
                    ┌──────────────────────────┐
                    │   Comité de dirección    │
                    │       de proyecto        │
                    │ (CFO, director de Sistemas, │
                    │    director comercial)   │
                    └──────────────────────────┘
                              │        ┌──────────────────┐
                              │────────│  Project coaching │
                              │        └──────────────────┘
                    ┌──────────────────────────┐
                    │   Gerencia de proyecto   │
                    │       (Juan P.)          │
                    └──────────────────────────┘
        ┌──────────────────────┐
        │   Usuarios de las    │
        │  áreas a requerimiento│
        └──────────────────────┘
                         ┌──────────────────┐
                         │    Equipo de     │
                         │   AdconValor     │
                         └──────────────────┘
   ┌──────────────┐  ┌──────────────┐  ┌──────────────┐
   │  Equipo de   │  │  Equipo de   │  │  Equipo de   │
   │   sistemas   │  │ áreas funcionales│ │   gestión    │
   │ y tecnología │  │  y procesos  │  │  del cambio  │
   └──────────────┘  └──────────────┘  └──────────────┘
```

Equipo de sistemas y tecnología	Equipo de áreas funcionales y procesos	Equipo de gestión del cambio
Líder + 3 recursos del área de sistemas y 4 consultores técnicos asignados por el proveedor del software	Líder + 3 recursos del área de Administración, 2 consultores funcionales del proveedor de software y 2 recursos asignados por el área de Organización y Procesos	Líder + 1 recurso asignado por la gerencia de RRHH

Los recursos de los equipos son con asignación full-time. El equipo de AdconValor participará en reuniones puntuales para asegurar la coherencia con definiciones adoptadas en el proyecto predecesor.

Cronograma del proyecto

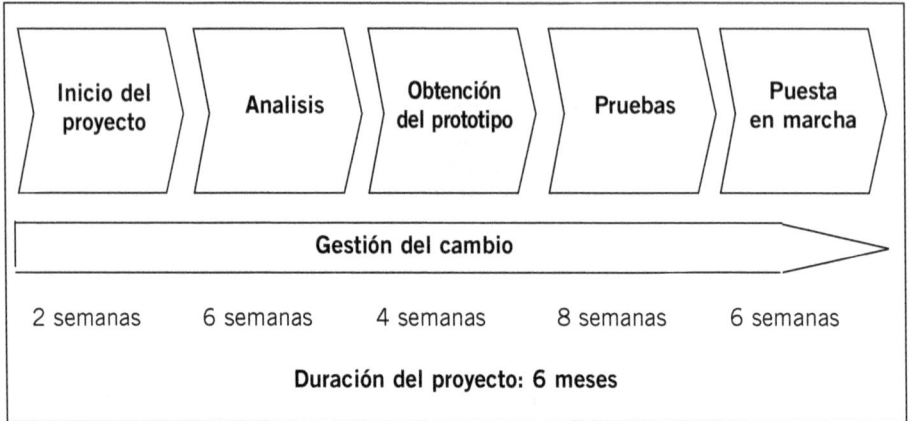

Inicio del proyecto	Analisis	Obtención del prototipo	Pruebas	Puesta en marcha

Gestión del cambio

2 semanas	6 semanas	4 semanas	8 semanas	6 semanas

Duración del proyecto: 6 meses

Identificación de riesgos

Riesgo	Contingencia	Acción mitigante	Responsable	Estatus
Proveedor actual	Actitud frente a la futura discontinuación	Adecuar contrato con criterio ganar-ganar	Gerencia de proyecto	Abierto
Pérdida de recursos	Búsqueda de trabajos por temor al cambio	Plan de comunicación	Gerencia de proyecto y equipo de gestión del cambio	Abierto
Disponibilidad de recursos full-time en el proyecto	Carga de trabajo que impida cumplir asignación de recursos	Contratación temporaria de recursos para cubrir el día a día de la línea	CFO	Abierto

160

Justificación económica

Cash flow estimado del proyecto a 5 años					
	Año 1	Año 2	Año 3	Año 4	Año 5
EGRESOS					
Licencia del software	85.000				
Mantenimiento del software		20.000	20.000	20.000	20.000
Hardware adicional	60.000				
Consultoría técnica y funcional	110.000				
Salarios asignados al proyecto	50.000				
Otros costos del proyecto	10.000				
Total egresos	315.000	20.000	20.000	20.000	20.000
AHORROS PREVISTOS					
Reducción costos - reasignaciones		300000			
Reducción costos - sistema actual		25.000	25.000	25.000	25.000
Diferencia costo operación de nuevos negocios		20.000	40.000	40.000	40.000
Otros ahorros		10.000	10.000	10.000	10.000
Total ahorros previstos	0	355.000	75.000	75.000	75.000
Cash flow neto	−315.000	335.000	55.000	55.000	55.000
Cash flow en valor actual	−315.000	279.167	38194	31.829	26.524

TIR **36%**
VAN (a tasa descuento Cía. 20%) **60.714** .
Período de recupero de la inversión: **3er año (desde el comienzo del proyecto).**

Inicio de la construcción e implementación del proyecto

Durante la etapa anterior, Juan P. fue identificando los recursos humanos que debía asignar a tiempo completo al proyecto. Identificó a aquellos con buen conocimiento de la operatoria y con fuerte capacidad de asumir compromisos ante un desafío. Tuvo reuniones con sus jefes, con el apoyo de su principal sponsor (Pablo C.).

Respecto de los recursos técnicos y funcionales del proveedor del software, realizó un profundo análisis de su experiencia, pidió referencias y, luego de entrevistarse con ellos, decidió su incorporación.

Al cabo de todo este proceso, logró integrar individualidades valiosas. Sabía, dado que lo habíamos analizado en profundidad, que debía convertir a estos recursos –provenientes de distintas áreas de la compañía y de un proveedor externo– en un equipo fuertemente comprometido con los resultados del proyecto.

Juan: David, estoy contento. Me llamó Pablo C. y me transmitió su satisfacción con la calidad de la Definición del Proyecto. Pero ahora viene la etapa de convertirlo en realidad. ¿Cómo es esa frase que siempre estás repitiendo?

David: "El papel soporta todo..."

Juan: Así es. Pero creo que en este caso existe una propuesta seria que podemos cumplir tal cual la presentamos. La semana entrante tendremos disponible la oficina de proyecto. Nos dieron un espacio importante en el 5° piso. Es un recinto abierto, con dos salas de reuniones. Ya están instalando los puestos de trabajo, de modo que cada uno posea PC, software de escritorio, acceso a la red, teléfono interno, etc. Es posible que pueda integrar a Claudia como secretaria, ella nos daría una buena mano con los temas administrativos, la coordinación de las reuniones, la transcripción en limpio de los borradores de las presentaciones y ese tipo de tareas.

David: ¡Excelente! Si te parece bien, podemos trabajar en la agenda de la reunión de inicio (*kick-off*).

Juan: La convoqué para el próximo miércoles, tal como acordamos. La haremos en la oficina del proyecto y creo que vamos a tener la asistencia completa del equipo.

Con Juan P. trabajamos en la agenda, que quedó así:

Agenda reunión lanzamiento del proyecto	
Introducción	Pablo C.
Project Definition	Juan P.
Preguntas y respuestas	Todos
Pasos para dotar de logo y nombre al proyecto	

Juan: Voy a presentar la definición completa, salvo la justi-ficación económica, que al equipo no le interesa. Sin embargo, con Pablo C. acordamos que para ir trans-mitiendo una visión, él incluirá en su introducción una referencia a que si bien el proyecto espera lograr re-ducciones en los costos de operación, la decisión de la dirección no es que se pierdan los puestos de trabajo, sino que la gente sea reasignada a distintas posiciones en otras áreas del grupo.

David: Me parece bien. Este mensaje tiene que estar pre-sente en el plan de comunicación del equipo de ges-tión del cambio. La gente sabe que cuando se imple-menta un proyecto de esta naturaleza existen amenazas sobre la continuidad de su trabajo. El compromiso de la dirección con la reasignación reducirá la resistencia al cambio.

El desarrollo del proyecto

La reunión de *kick-off* salió muy bien, tal cual había sido pla-nificada. En cuanto terminó, la gente comenzó a ubicarse en sus puestos. Ya había un primer objetivo a cumplir: la obtención de los planes de trabajo detallados por equipo.

David: Tenemos que definir el esquema de control y segui-miento y comunicárselo a los equipos y al comité de dirección.

Juan: Podemos juntarnos mañana por la mañana y lo cerramos.

David: De acuerdo.

El esquema que finalmente se decidió implementar fue el siguiente.

Reunión	Frecuencia	Participantes
Comité de dirección	Mensual	Integrantes del comité de dirección Gerencia de proyecto *Project coaching*
Coordinación	Semanal	Gerencia de proyecto Líderes de equipo Recurso asignado por Auditoría *Project coaching*
Estatus. Hitos por equipos	Semanal	Gerencia de proyecto Equipos individuales

Gráfico II.

Los primeros días, Juan P. dedicó mucha energía a guiar a los equipos, de manera tal de impulsar su productividad. Los planes de trabajo fueron realizados y validados con la gerencia de proyecto, se consensuaron los contenidos y los plazos de las actividades, y se definieron el nombre y el logo del proyecto:

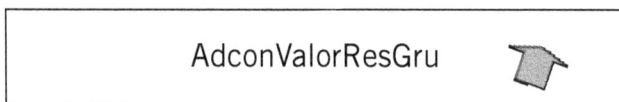

AdconValorResGru

Las paredes de la oficina poco a poco se fueron llenando de gráficos, cronogramas, diseños… hasta había un cartel indicativo que señalaba los días faltantes para la implementación. Se habían realizado varias actividades de *team building*, lo que contribuyó a la unión y a la buena convivencia de la gente. Juan P. se venía desempeñando en forma proactiva, lo que había permitido anticipar situaciones conflictivas y lanzar tempranamente acciones para evitarlas.

El equipo había alcanzado una dinámica de trabajo que indicaba un buen proceso de maduración. Las reuniones de seguimiento se venían realizando de acuerdo con las pautas establecidas.

El proyecto se encontraba en la etapa del prototipo (más precisamente, de la aprobación del prototipo) cuando aparecieron los primeros problemas. Estaban relacionados con requerimientos de usuarios que implicaban modificaciones en el software, lo que iba a poner en peligro el cumplimiento de los plazos. La solución alternativa planteada por el equipo de proyecto no satisfacía las expectativas.

Juan P. tenía un dilema: ¿cómo satisfacer a los usuarios sin posponer la fecha de entrega? En el punto de alcance, se establecía que la solución se iba lograr únicamente a partir de parametrizaciones, y que no se incorporarían modificaciones al software. Esta era una premisa muy fuerte que también se había aplicado en el proyecto anterior.

Juan: Los requerimientos de estos usuarios son un tanto desproporcionados. Y si no los atiendo, me va a costar conseguir su aprobación.

David: No siempre lo mejor para un usuario es lo mejor para la organización a la que pertenece.

Juan: ¿Qué significa eso?

David: Que hay que evitar mantenimientos complejos posteriores, cuando el proveedor del software envíe actualizaciones[1]. Esto implicaría costos importantes, ya que la versión instalada tendrá cambios que deberán ser

---

1. *Upgrades.*

trasladados a las versiones actualizadas. Hay que traba-jar con los usuarios y con el equipo de proyecto para que encuentren una solución que atienda en forma equilibrada ambas posturas.

Juan: ¡Pero ya conocemos su posición!

David: Te sugiero que propongas a los usuarios y al equipo de proyecto convocar a una sesión con el comité de dirección, para que la decisión quede en sus manos.

Juan: Pero, trasladar al comité un tema que no pude resolver, ¿no significaría un fracaso para mí?

David: No he dicho que conciertes la reunión ya mismo, sino que anuncies que lo harías *si ellos no se ponen de acuerdo.* De ese modo, es muy probable que encuentren una solución. Los usuarios no querrán mostrarse irreflexivos en temas de costos, y la gente del proyecto no querrá evidenciar falta de vocación y de capacidad para resolver inconvenientes.

Juan: Lo intentaré.

Afortunadamente, la solución apareció. Fue un momento crítico que podría haber dañado la imagen del proyecto o sus plazos, pero el buen manejo de la situación contribuyó a superar el trance. Se inició la etapa de pruebas: se generó un documento previo que definía claramente la metodología a seguir; los analistas funcionales elaboraron los lotes de prueba, que incluían procesos, procedimientos y datos que simulaban la realidad; la gente de sistemas comprometió a las áreas de Seguridad Informática y Operaciones, creando un ambiente tecnológico que permitía comprobar el correcto funcionamiento con interfases de otros sistemas del grupo.

El seguimiento de la prueba fue muy estricto, ya que el éxito de la implantación dependía de su calidad.

Otra de las decisiones que se adoptaron fue establecer el método de migración. Para ello se había generado un documento que establecía las ventajas y desventajas de cada una de las alternativas. Finalmente, se optó por migrar una de las compañías menores, introducir los ajustes respectivos y a los 30 días migrar el resto de las compañías al nuevo modelo operativo. La aplicación de este criterio también requirió la elaboración de un documento que detallaba los procedimientos transitorios, los controles a realizar y los responsables. Todo ello demandaba una sólida sincronización entre las actividades del equipo y el personal de las respectivas empresas.

Paralelamente, el equipo de gestión del cambio fijó la estrategia para asegurar la performance de la gente al momento de la implantación del nuevo modelo, desarrolló los contenidos y trabajó coordinadamente con la gente de Tecnología.

Hubo varias reuniones con las áreas afectadas para determinar quiénes se iban a capacitar en qué (en función del perfil de puesto de trabajo que tendrían a partir del cambio) y se definió el cronograma de capacitación. Este había sido formulado considerando los plazos del proyecto y la forma de sustraer a la gente de las tareas del día a día sin perjudicar la operatoria normal de las compañías.

El equipo de Tecnología trabajó arduamente para garantizar que los distintos ambientes tecnológicos (desarrollo, pruebas, capacitación, producción) funcionaran sin tropiezos. La incorporación de nuevo hardware implicaba pruebas de performance que aseguraran tiempos razonables de respuesta.

A lo largo del resto del proyecto, y hasta el momento de la implementación, este se desarrolló en un ambiente de manejo de la complejidad y presión por el cumplimiento de plazos.

El liderazgo y la dedicación de Juan P. contribuyó a que todos los integrantes del equipo, y todos los que aun no perteneciendo al proyecto estaban en contacto con él por alguna razón, percibieran una forma de trabajo exigente pero organizada y bajo control. En ese aspecto, la imagen y percepción del proyecto se cuidó en forma extrema.

Si bien no eran muchos los que trabajaban en el área de Administración y en las áreas comerciales de las compañías menores del grupo, igualmente se consideró importante disponer de un plan de comunicación.

Plan de comunicación del proyecto AdconValorResGru			
Interesado	**Actividad**	**Responsable**	**Oportunidad**
Gerentes de compañías menores	– Presentación del proyecto	CFO	Luego de la aprobación del *Project Definition*
	– Estatus avance proyecto	Gerencia de proyecto	Mensual (e-mail)
Personal de Administración de las compañías	– Presentación del proyecto	Gerencia de proyecto	Luego de la aprobación del *Project Definition*
	– Reuniones de trabajo	Gerencia de proyecto	Durante ejecución proyecto
Personal comercial de las compañías	– Presentación del proyecto	Gerencia de proyecto	Luego de la aprobación del *Project Definition*
Resto del personal del grupo	– Información del proyecto	Equipo de G. del Cambio	Artículos en la revista interna bimestral

Gráfico III.

Y, por fin, llegó el momento de la implementación

Los plazos y el presupuesto del proyecto comprometidos en la definición se habían cumplido.

Finalmente llegó la reunión del comité de dirección previa a la implementación, en vistas de la cual se elaboró un documento que mostraba la preparación[2] para el ingreso en producción del nuevo modelo operativo.

En esa reunión no sólo participaron los que habitualmente lo hacían, esto es, el comité de dirección y la gerencia de proyecto, sino que se incorporaron también el responsable de Auditoría del grupo y los gerentes de los distintos sectores de las compañías menores. Con su presencia se buscaba probar que lo que se presentaba como documento de *readiness* de la organización no era un juicio exclusivo del equipo de proyecto, sino que era compartido por las áreas afectadas por el proyecto.

Básicamente, el documento hacía referencia a los aspectos que debían funcionar bien para asegurar el éxito de la implementación, calificados con rojo, amarillo o verde según su estado. Los aspectos se referían a conceptos tales como *resultado de las pruebas, capacitación a usuarios y ambientes de tecnología*, entre otros. No aparecía ningún rojo (riesgo máximo), y los escasos amarillos (riesgo muy reducido) no influían en la decisión final de ingreso en producción.

Pablo: Luego de esta presentación percibo una gran confianza en todos, por lo que me queda una última pregunta: ¿implementamos?

Todos: ¡Sí!

Pablo: Dada la unanimidad, nosotros, como miembros del equipo de comité de dirección vamos a apoyar la decisión. Por lo tanto, ¡adelante, y suerte!

El comité de dirección no dudó en aprobar el ingreso en producción, según el criterio de migración que se había acordado oportunamente.

La reunión de consentimiento de la implementación (¡en fecha!) se había adoptado la semana previa al "día D".

---

2. *Readiness*.

El fin de semana siguiente, y sobre la base de un plan detallado, el equipo de proyecto, junto con personal de las áreas respectivas, trabajó en la ejecución de la migración al nuevo modelo.

En pocas horas el proyecto demostraría si el trabajo de los meses anteriores había sido adecuado. La forma en que se había desarrollado, así lo hacía suponer. El momento de la verdad que se avecinaba lo iba a confirmar.

Fue un fin de semana de intenso trabajo. Cada etapa del plan de migración que se iba cumpliendo representaba una pequeña conquista. Para no forzar inútilmente al equipo (ya que los días de post-implementación también iban a ser duros), se estableció un esquema de convocatoria de los distintos integrantes a medida que se avanzaba en el proceso y conforme a la necesidad de su participación específica.

Juan P. y su equipo habían hecho un gran trabajo, a pesar de que surgieron algunos problemitas menores (lo habitual en este tipo de proyectos) que pudieron ser superados. El domingo a las 6 de la tarde, tal como se había decidido, se efectuó una *conference call* con los miembros del comité de dirección. Escucharon lo que deseaban oír: la migración había sido exitosa.

Post-implementación y cierre del proyecto

La implementación en la compañía piloto dio muy buenos resultados. Los ajustes requeridos eran de un nivel normal para este tipo de proyectos. La implementación en las restantes compañías también tuvo éxito.

No obstante, hubo que trabajar muy duro para dar respuesta al soporte que requerían las áreas y para corregir ciertos problemas que fueron apareciendo.

Transcurridos 30 días desde la implementación del nuevo modelo operativo en todas las empresas, se inició el proceso de transferencia de los aspectos pendientes al área de Sistemas y a las áreas usuarias.

Se formalizó una reunión para ello. La idea era hacer un cierre cuidadoso del proyecto.

Los recursos humanos del proyecto fueron volviendo poco a poco a sus respectivas áreas. Al comenzar a estabilizarse el nuevo modelo, se produjeron las primeras reasignaciones de recursos que la justificación económica establecía. Juan P. volvió a la línea, pero con un cargo de mayor jerarquía.

No faltó el festejo de cierre. Se organizó una celebración, ya presupuestada, muy emotiva, que alcanzó su nivel máximo cuando se revivieron anécdotas del transcurso del trabajo.

Pablo C., Juan P. y yo contemplábamos a esas personas que antes de iniciado el proyecto no se conocían y que ahora se comportaban como amigos. La finalización del proyecto producía alegría, pero también nostalgia. El tema de conversación que no faltó fue el destino al que volverían unos, y los nuevos proyectos en que se embarcarían otros.

Transcurrido más de un año desde la finalización del proyecto –no había visto a Juan P. desde entonces–, nos juntamos a almorzar. En esa ocasión me contó que se había concretado lo prometido por el segundo supuesto del alcance de la definición. Después de una evaluación se decidió que la administración de la compañía principal del grupo absorbiera la administración de las pequeñas compañías. Dada la política de reasignación, nadie había perdido su puesto de trabajo.

Me comentó también la idea de iniciar un proyecto regional. Las señales de un nuevo proyecto comenzaron a aparecer...

EPÍLOGO

EXISTE UN CUENTO (creo que de autor anónimo) que me parece interesante relatar como cierre de este libro.

"En cierta oportunidad, en una tribu, un joven indio decidió comprobar la sabiduría de un viejo cacique. Se le acercó con una paloma en la mano y lo desafió:
–Cacique, demuéstrame tu sabiduría y dime si esta paloma está viva o muerta.
El cacique reflexionó en silencio: "Si le digo que está viva, la apretará hasta matarla. Si le digo que está muerta, abrirá la mano y la dejará volar".
Finalmente, demostrando su sabiduría le respondió:
–Joven, el destino de la paloma *está en tus manos...*"

Aplicando la enseñanza que nos deja este relato, el mensaje final que quisiera dejar a los lectores es: *¡En buena parte, el destino del proyecto estará en sus manos como gerentes o líderes de proyecto!*

Como mencioné en la introducción, he buscado compartir con el lector mi propia experiencia. Casi como un relato en el que el lector estuviera presente. Ojalá se haya percibido de esa forma.

Seguramente algunos aspectos que aquí se describen no serán aplicables a todos los proyectos. El propio criterio y el tipo de proyecto que tenga que liderar cada futuro gerente o líder de proyecto indicarán cuáles utilizar.

Lo importante es que el lector haya identificado al menos dos o tres conceptos significativos que considere indispensable aplicar en su actual o próximo proyecto.
Si esto es así, se habrá cumplido mi expectativa.

Si desea enviarme algún comentario, puede hacerlo por correo electrónico a: dbrojt@movi.com.ar.
Muchas gracias por haber dedicado tiempo a estas páginas, y hasta siempre.

David Brojt
Buenos Aires, abril de 2004

SOBRE EL AUTOR

DAVID BROJT se desempeña desde 1999 como consultor en management de proyectos de distinto tipos y niveles de complejidad, tales como Planeamiento Estratégico y Balanced Scorecard, Dirección por Objetivos, implementación de nuevas tecnologías ERP, CRM, e-Business y proyectos de Eficiencia Operativa de Áreas y Unidades de Negocio. Ha ayudado en la realización de proyectos a empresas reconocidas a nivel internacional y líderes en la Argentina, tales como Argencard (licenciataria de Mastercard), BankBoston, Edenor (Electricité de France), Gas Natural BAN, NCR y Shell CAPSA, entre otras. Con anterioridad ocupó el cargo de Senior Manager en la consultora internacional Andersen Consulting (conocida actualmente con el nombre de Accenture).

Es licenciado en Administración y contador público, egresado de la Universidad de Buenos Aires, Argentina, donde a lo largo de los años ha sido docente de distintas asignaturas. Actúa como profesor invitado en postgrados de negocio en distintas universidades privadas de la Argentina y dicta seminarios sobre su especialidad en Latinoamérica.

Ha participado en actividades de formación sobre temas como Business Process Reengineering, Change Management, y tantos otros vinculados a su especialidad, en los Estados Unidos (Nueva York, San Francisco, Chicago, Washington, Orlando, Naples), Canadá (Toronto) y Brasil (San Pablo y Río de Janeiro).

Colabora en prestigiosas publicaciones de la Argentina. Entre sus artículos se encuentran "Plan Estratégico y Cuadro de Mando Integral: desarrollo de un método a partir de la Experiencia" (Revista *El Ejecutivo de Finanzas*, IAEF, junio 2003) y "Reingeniería de los sistemas de información" (Revista *Líderes del Tercer Milenio*, 2001, Mercado).

www.ingramcontent.com/pod-product-compliance
Lightning Source LLC
Chambersburg PA
CBHW060601200326
41521CB00007B/631